人际关系

应用心理学

贾海泉◎著

文匯出版社

图书在版编目 (CIP) 数据

人际关系应用心理学 / 贾海泉著 . — 上海 ：文汇
出版社 , 2018. 10
ISBN 978-7-5496-2721-9

Ⅰ . ①人… Ⅱ . ①贾… Ⅲ . ①应用心理学 – 通俗读物
Ⅳ . ① B849-49

中国版本图书馆 CIP 数据核字 (2018) 第 211291 号

人际关系应用心理学

著　　者 / 贾海泉
责任编辑 / 戴　铮
装帧设计 / 天之赋设计室

出版发行 / **文匯**出版社
　　　　　上海市威海路 755 号
　　　　　（邮政编码：200041）

经　　销 / 全国新华书店
印　　制 / 三河市嵩川印刷有限公司
版　　次 / 2018 年 10 月第 1 版
印　　次 / 2024 年 5 月第 6 次印刷
开　　本 / 880×1230　1/32
字　　数 / 152 千字
印　　张 / 7

书　　号 / ISBN 978-7-5496-2721-9
定　　价 / 38.00 元

前　言

　　五花八门的心理障碍（疾病）已经成为困扰大众最普遍的健康问题之一，其危害和影响绝不亚于任何已知的身体疾病。看似不是病的心理疾病，让无数人陷入痛苦的泥沼，甚至告别了世界。

　　比如，抑郁症已经成为最危险的健康杀手，世界范围内每年有上百万人因抑郁症而自杀。

　　日趋紧张的人际关系让人们彼此貌合神离，甚至连亲情都变成了赤裸裸的金钱关系。

　　"压力山大"、焦虑、失眠的职场中人，成了神经症的高发人群。

　　一夜情，闪婚闪离，居高不下的离婚率，使很多年轻人徘徊在婚姻的"殿堂"之外。

　　人格障碍波诡云谲，让意气风发的年轻人颓废消沉。

　　孩子的厌学问题让家长和老师伤透了脑筋，青春期叛逆的他们让本应和谐的亲子关系变得剑拔弩张。看似阳光的花季少女，竟成为施暴者。一个个稚气未脱的青少年，因为犯罪走进了未成年犯管教所。而那些绝望的孩子，随着他们的纵身一跃，给家长和社会留下了一大堆问号。

人们在反思，到底怎么了？遗憾的是，谁也给不出令公众信服的答案。

环境的问题吗？性格的问题吗？三观的问题吗？似乎都有关系，但似乎又都不全面。

从求学到踏入社会工作，我们都处在各种相互交错的关系网中，而自己就像网上的一个结，不能逃离，也注定无法逃离。

一个人的成功注定是人际关系和谐的结果。所谓的人脉，就是人际关系的张力，"关系网"越大，占有的资源就越多，成功的几率就越高。

和谐的人际关系也是人体健康的润滑剂。从心理健康的角度来看，情绪决定心境，而和谐的人际关系能决定情绪的优劣。从肌体健康的角度来看，情绪也能决定人体各个系统的运转质量。

所以，良好的人际关系不但能决定人生的成功，还能影响身体的健康，说它是必修课决不为过。

那么，怎样才能营造理想的人际关系，让人生精彩、事业有成呢？

这是一门大学问，需要我们不断学习、总结和领悟。

答案就在书里，开卷寻找吧。

目　录
Contents

三、婚恋关系应用心理学：
　　那些骑在"围城"城墙上的人

四、亲子关系应用心理学：
亲情遭遇的大难题

五、人格障碍和人际关系应用心理学：
桎梏成长的精神枷锁

六、 神经症和人际关系应用心理学：
健康杀手中的一匹"黑马"

七、青春期和人际关系应用心理学：
成长路上的第一道坎儿

八、情绪和人际关系应用心理学：把情绪关进智慧的笼子

一、人际关系应用心理学：
戴着各种面具演绎"人生如戏"

人们时常会感叹："人心不古""人心叵测""知人知面不知心"。

"人际关系复杂"这个问题已成为当代人的共识，而复杂的人际关系已成为导致神经症高发的主要原因。

人是感情动物，也是群居动物，和谐的人际关系是工作的重要基础，也是生活的必备条件。那么，什么是人际关系？它都包含些什么内容？怎样才能构建和谐的人际关系？

社会学将人际关系定义为：人们在生产或生活活动过程中所建立的一种社会关系。心理学将人际关系定义为：人与人在交往中建立的直接的心理联系。

简单来说，人际关系就是人与人之间的交往和联系，也称"人际交往"。它包括亲属关系、朋友关系、同学关系、师生关系、异性关系、雇佣关系、战友关系以及个人与集体的关系等。其中，朋友关系涵盖的意义最广，甚至所有的人际关系都可以归为朋友关系。

人是社会动物，每个个体均有其独立的背景、个性、态度、行为模式及价值观。人类出于自私的本能（实际上是占有欲），都希望他人能顺从自己的意愿，于是这种排他的共性极易在沟通上导致误解和矛盾的产生。而所有的误解和矛盾，均会对人际关系造成伤害。

一个人的人际关系（环境）会直接影响自身的情绪，而情绪又能左右个体的行为方式和结果，对个人的工作和生活，甚至组织气氛、组织沟通、组织运作、组织效率等都会造成重大的影响。

所以，构建和谐的人际关系是每个人的必修课。

1. 亲属关系：一奶同胞从相互猜忌到最终和解

亲属关系是个集合体，站在成人的角度来看个体与长辈（包括父母、岳父母等）、兄弟姐妹等亲属之间的关系，大家肯定会有不同的答案。

那么，亲属关系还需要再重新谈谈吗？

圣人孔孟早就给出了标准答案，什么"孝子之养也，乐其心，不违其志"（《礼记》），"孝有三：大尊尊亲，其次弗辱，其下能养"（《礼记》），"父母之年，不可不知也，一则以喜，一则以惧"（《论语》），"长幼有序"（孟子）"孝悌大莫过于尊"（孟子），等等。

先贤们字字珠玑、掷地有声，两千年前就开始呼吁孝道了，可现实怎样呢？有些"利益至上""一切向钱看"的血缘至亲，可以为了蝇头小利不顾廉耻地对簿公堂，甚至父子反目、手足相残。尤其在某些农村地区，不尊不孝不悌已经见怪不怪了。

这就需要我们再做研究了。央视一套《今日说法》栏目曾报道过这样一个案例：一位白发老人把自己的七个子女告上了法庭，子女中最大的有六十多岁，小的也有四十多岁了。原因竟让人瞠目结舌：七个孩子互相推诿责任，"攀比"着不赡养老人，把一个孤零零的老头子撇在一间破旧的老屋里，任其自生自灭。

法庭上，七个子女相互指责，恶语相向，手足亲情已荡然无存，让在座的法官们大跌眼镜。

在某卫视的一档情感调解栏目中，兄弟俩为争夺老人留下的一块宅基地慷慨陈词，丝毫不理会坐在一边年逾花甲的老人的眼泪。

当年，鲁北地区曾有一出名叫《墙头记》的吕戏家喻户晓，说的就是兄弟俩都不赡养老人，把老人"逼"到墙头上的故事。

而现实比《墙头记》中的剧情还要生动、丰富——子女不养老，兄弟反目成仇，让祖先们倡导了几千年的"孝悌文化"再次遭到严峻的挑战。

我曾参与调解过社区里的类似问题。实际上，那个问题并不复杂，说来说去还是"私"字当头——大家为了一点蝇头小利相互猜忌，彼此中断了沟通。

在一次家庭关系调解中，我提前收集了这家人二十多年前的一张合影。调解中，我把照片放在他们面前，让他们仔细回忆照片中的情形，再让他们想想眼下的手足关系。结果，大女儿忍不住痛哭失声，其他兄妹几人也都陷入了沉默。

我趁机对他们说："照片中的老人已经走了一位，若是老人在天有灵，你们现在的情况是不是会让老人难以合眼？你们是不是还想让剩下的这位风烛残年的老人也带着遗憾离开人世？如果你们逢年过节连一个亲戚都没得走动，是不是感觉很有面子？你们也都有孩子，你们的一言一行都是在给孩子做示范，所以别从小就给孩子输入负面影响。"

我一席话说得他们颜面扫地，他们都表示不再争执了，以后会好好相处。

我也曾与几位国学老师商讨过"孝悌不兴"这个问题，大家一致认为"罪魁祸首"是过重的生活压力。表面上看，我们的生活条件的确改善了不少，但压力并未减小——房子、教育、疾病这老三样问题，还是让人感到焦虑。

"仓廪实而知礼节，衣食足而知荣辱。"所以，失去物质基础的孝悌，实际上很像无源之水，难以为继。反之则不然。比如，国家目前推行的"脱贫"战略，能从一定程度上消除贫困带来的一些社会问题，当然也包括孝悌。

经济账好算，无非就是一加一等于二，可是大家算过精神上的账吗？比如不孝的账。我们还是从精神得失的角度来给那些"不孝"的人算算账吧。

一个人是否真的安逸、快乐，只有在卸掉伪装后的夜深人静之时他才能体会到。我曾问过一位处于赡养纠纷中的当事人："为赡养老人与一奶同胞怒目相向，你感觉好受吗？"

他低头不语，思忖良久之余，只是一个劲儿地摇头叹息。

试问：快乐一天值多少钱？痛苦一天值多少钱？我们的日子不就是这样一天天积累起来的吗？你愿意积累快乐还是痛苦？这个问题不能等到临终时再去参悟吧？

得了小便宜便沾沾自喜，是小人所为，如果你认可自己是小人，那就没办法了。因为，你已经没有廉耻感，基本上不能算人了。可是，你在潜意识里不会撒谎，我不相信一个众叛亲离的人还能感受到快乐和安宁。

山东卫视有一档《寻找最美儿媳》的栏目让我颇受鼓舞，并看到了希望。我看到有很多儿媳在默守孝道，她们感觉这很应该，很正常。她们身上体现出了中国百姓的朴实、善良，让

我在这个物质时代看到了人性之美。

人世间最大的遗憾莫过于"子欲养而亲不待",最糟糕的人际关系莫过于"父子反目""手足相残"。人应该有灵魂,而灵魂也应该有安放之处。一个人丧失了亲情的呵护,就会变成孤魂野鬼。

2. 朋友关系:真正的朋友其实不需要你做什么

可以这样讲,所有的人际关系都能用"朋友"做注解,但我感觉"朋友"这两个字如今被亵渎了。友谊固然有深浅,但也不能轻易拿这两个字开玩笑。

这是二十多年前的事情了。我有一位开广告公司的朋友,他在一场突如其来的暴风雨面前差点破产:一场罕见的台风把他辛苦搭建的一块超大广告牌从楼顶刮了下来,砸坏了十几辆摩托车,还砸伤了几个人。

那时是晚上十一点,他在现场打电话让我过去。我远远地就看到了他站在马路边的孤独背影,在冷风细雨中甚是凄凉。

我走过去,站在他身边轻轻地问了一句:"我能做点什么?"他并没回头,只是望着那堆破烂不堪的瓦砾说:"不需要你做什么,你站在我身后就行。"

就在那一瞬间，我重新定义了"朋友"这两个字的意义：真正的友情并不需要物质，需要的或许仅仅是一种心灵上的默契和精神上的支撑。

有一位咨询者向我大倒苦水，他说实在看不明白谁是真朋友，谁是假朋友，问我有没有鉴别的方法。我说这不难，要看一个人处在什么时期了。

从"势"（形势）的维度看，人的一生大致会经历三个"势期"：

一是"盛势"期，也就是最辉煌的时候，基本上是有钱有势有地位。这时候，你会"朋友遍天下"，在友情方面出现一边倒的不对称关系，即：大家都认为你是他们的朋友。

二是"平势"期，也就是平平淡淡，不求人也没人求。这时候，你的朋友会趋于减少，人际关系也会趋于稳固。

三是"衰势"期，也就是你处于落魄之际。这时候，你的朋友可能所剩无几，友情方面也会呈现一边倒的局面，即：你认为大家都是朋友，而大家却不这么认为。

盛势期，你不知道自己有多少朋友；平势期，你会逐渐明白什么是朋友；到了衰势期，你才能知道到底谁是真朋友。

俗话说："穷在闹市无人问，富在深山有远亲。"当你真的一无所有，需要有人无私地支援你时，能站出来的那些人就是真正的朋友。

所谓朋友关系，除非一起患过难，或真正地"志趣相投"，

否则很容易转化成利益关系。因为，被利益关系捆在一起的只能算合作伙伴，不能叫朋友。所以，多数朋友关系会"树倒猢狲散"，利益不存在了，朋友也做不成了。

当然，我们差不多都是凡人，都处在"平势期"——这时候，朋友的界限通常会模模糊糊，维持在你好我好的状态：谁遇到了困难，大家会在力所能及的范围内帮衬一把；有什么好事，大家也都会过去捧捧场。

这时候，你只要懂得尊重对方，给对方留面子就可以了。

有些人会以礼金的轻重来划分朋友的等级，比如谁给的礼多谁就是好朋友。不能说这话毫无道理，但也不是绝对的。

我曾有一个异地朋友，他的家庭条件很差，靠摆摊卖小吃维持生计。有一年，我遭遇车祸，他得知消息后连夜赶了过来，把一个黑塑料袋放在桌子上，说临时凑了这些钱，如果有需要他回去再凑。

望着满头大汗且有些愧疚的他，我潸然泪下，当时就断定：这是值得用心交的朋友。

从个人角度出发，无论是利益的角度，还是感情的角度，还是先别太主观地拿别人当朋友。这句话听上去很没人情味，实际上是对自己好。人家主动"给"，是人家拿你当朋友，这说明你人缘好，或有一定的人格魅力；但你主动跟人家"要"，就不是那么回事了。

有些女性很依赖闺密，如果双方都需要彼此依赖，那叫"情感补偿"，但很容易变味；如果只是一方有需求的话，闺密关系估计也很快会"崩盘"。

也有人认为，只要成功了，朋友自然会围在你身边。但是，成功有两个层面的含义，一是地位和财富的成功；二是人格（包括知识和荣誉）的成功。所以，围在地位和财富成功者周围的多数不是朋友，而能围在人格成功者周围的基本就是真朋友。

有些人很注重友情，希望周围的人能像江湖好汉一样肝胆相照，这个初衷很好，但多数人只是一厢情愿罢了。

朋友千万个，知己一二人。知己才是高境界上的朋友，但我们不是钟子期，所以也就不要奢望能碰到俞伯牙——生活中能有几个懂你的人，那就已经是值得幸运的事了。

知己可遇不可求，朋友还是抱团取暖的多，一起旅旅游，喝喝小酒，聊聊天打发下时间，能让彼此不太寂寞就好。

朋友是人生路上的一棵树，路过时可以避避雨、遮遮阳，就此歇歇脚，但路终究还要靠自己走。

3. 同学关系：一种比较干净的"阳春白雪"

同学关系是人际关系中比较干净的"双边关系"，这得益

于一起在校时的无利益基础。这里讲的同学关系，指的是离校后继续延续的关系，而不是一起读书的同学关系。

有一年十月份，我去上海出差，傍晚在外滩溜达时竟然碰到了一位高中女同学。当时，如果我不是被她的方言"敲击"了一下，我们很可能就擦肩而过了。

"哎，是老乡？"我心想。

当我们互相对视了一眼，彼此都觉得眼熟。于是，我问她："你是山东人吧？"

她说："是啊（这时她变成了普通话）。"

我立马用纯正的山东方言说："俺也是山东的。"接着我问她，"你不会是张美芝吧？"

她惊诧万分，反问我："你是贾海泉？"哈哈，两人握手大笑，我立马决定请他们两口子吃饭叙旧。

那一晚，我和张美芝的老公陈红兵喝得找不到北，而张美芝只是呵呵地笑着作陪。酩酊之时，我对陈红兵开玩笑："如果今晚你不在，搞不好我们两个老同学会闹出点花花事来。"

陈红兵拉着我的手说："太理解了，二十多年没见面的老同学在他乡偶遇，千万分之一的概率都不到，不出点意外好像不够味儿，哈哈！"

事后，我也一直回味那次上海奇遇，感觉既是一种缘分，又是一件幸事。直到十四年后的今天，我依然时不时跟周围的朋友们提起——他乡遇故知，且是老同学、女同学，除了同学，还真找不到那种感觉。

还有一次，我的一位乡下同学的父亲来城里看病，因为病重，需要住院治疗。那位同学条件拮据，治疗费用捉襟见肘。于是，我在市里的十几位同学中发起了一次小募捐，凑了一万多元给他送过去。

可那家伙死要面子，就是不收这些钱，气得我撂下一句狠话："你不把我们当同学？"

听完这句话，他才唯唯诺诺地收下了。

后来，这家伙在城郊开了一家养鸡场，散养笨鸡。接着，他又开了农家乐。发财后，他特意跑到市里让我召集当年伸过援手的同学们聚聚。

席间，这家伙大发感慨，说到激动处泪眼婆娑："当初的确抓了瞎，本指望几个社会上的朋友……唉，还是同学好呀，几十年不走动，甚至连名字都叫不上来，但关键时刻你们站在了我身边，让我一下子有了生活的底气。"

这家伙把十几个红包摆在桌子上，说是答谢我们的。当然，同学们都没要。可事后几年里的中秋节和春节，我们都会收到他送给我们的纯正笨鸡，回想起来一直很温暖。

再后来，我撺掇他成立了一个"同学救急基金会"（简称"急金会"），虽然一直没派上什么用场，可他一直活跃在同学中间，谁家有事，他总是跑在最前面。

人际关系应用心理学
Ren Ji Guan Xi Ying Yong Xin Li Xue

还有一位同学不得不提。年初，我忽然接到一位久未谋面的老同学的电话，我们很热情地拉了半天闲片儿，本以为是思念、叙旧，可是最后他话锋一转说到了某种产品上，并且劝我一起加盟，共同发财。

这一听就是传销的套路，于是我当场予以揭穿，并严厉地警告他远离这种组织，以免陷得太深不能自拔。可他依然执迷不悟，并且见我岿然不动，就去游说其他同学了。结果，还真有两个人被他拉下水白白扔了几万元了事。

林子大了什么鸟都有，有的人确实在亵渎"同学"这两个字，这就有点自打自脸了。

用"阳春白雪"来形容同学关系很恰当，那种纯洁就像是两小无猜，因为在没有功利的背景下结成的关系都相对牢固。当然，每一层关系中也都有深浅之分，几十个甚至上百个同学中，最后也只会剩下很小的一个圈子。

时过境迁，大家的价值观会发生翻天覆地的变化，若再用当年"搂肩搭背"的关系要求同学也不现实。但同学毕竟有高于其他关系的基础，无论世事怎么变，它都会有一种特殊的感情存续——而"老同学"这个称谓，也注定值得一辈子回味。

最后，我想用《光阴的故事》的歌词来感怀一下同学情："遥远的路程昨日的梦以及远去的笑声／再次的见面我们又历经了多少的路程／不再是旧日熟悉的我有着旧日狂热的梦／也不是旧日

熟悉的你有着依然的笑容 / 流水它带走光阴的故事改变了我们 /
就在那多愁善感而初次回忆的青春……"

4. 师生关系：老师，在人与文化之间

过去，人们称老师为"先生"，这个词想必大家也不陌生，
可能偶尔还会用一下。但若深究含义，多数人可能就不明就里
了。尊师重教是我们民族的传统，于是由此延伸出的师生关系
更加不一般。

有一年春节，我回老家走亲戚，顺便拜访了一下邻村的一
位中学老师。老师姓张，已年过六旬，当年教我们语文。因为
我的语文成绩一直不错，所以他对我也就格外重视。

见面后，张老师拉着我的手瞅了老半天，我故意不说自己
的名字，让他猜。没承想，他竟然一口就喊出了我的名字，毕
竟是老师啊！

老师对我的突然造访深感惊诧，说三十多年了没几个学生
来看他，也就渐渐地忘了自己曾是一名教书匠。

那个下午我和张老师边喝边聊，能看出来他很高兴——最
后竟然喝高了，给我唱起了京剧名段《劝千岁》。

望着老师布满皱纹、长满胡须的脸，我竟有一种想哭的冲

动。那张脸既熟悉又陌生，也可能是我的出现唤醒了他尘封的记忆，唤醒了他当老师的感觉，他显得那样的知足。

师母对我说："你老师多少年没这么高兴了，那《劝千岁》也有很多年没唱了。"于是，我就很庆幸那次自己的临时起意，不然会错失一次与老师共同回忆校园时光、让老师重温讲台岁月的机会。

上个月与几位初中同学小聚，听一位在区机关单位工作的同学讲了这样一件事。他说我们的一位老师为了孙子工作的事辗转找到了他，还执意要给他留下"活动经费"。他本想叫我们几个同学与老师一起吃顿饭，可是老师竟然像做错了什么事似的"仓皇而逃"。

同学说到这里，大家不禁黯然神伤。

我问那位同学，老师嘱咐的事办得咋样了。他说："如果换成其他人，我会一口拒绝的，多一事不如少一事。但我的眼前却一直浮现着老师'仓皇而逃'的背影，于是我还是动用了一些关系，为老师的孙子安排了一份较理想的工作，算是了却了一桩心事。"

事后，他把"活动经费"给老师送了回去，而带回了一袋青玉米棒子和几斤绿豆。

光阴荏苒，当身份变成退休老人的老师站在你面前，已经全然没有了当年在讲台上的威严，面对事业有成的学生，我想他们一定也会有些自卑的。

我倒很敬佩这位同学的做法，他能把老师的托付当回事。他说，当他看到老师在他面前不知所措的样子时，心里也很不是滋味。

一位务农的初中同学也给我讲过一个故事。他说，几十年了，他仍然不敢面对本村的石老师——那是我们的启蒙老师。

他曾因盗窃被判过刑，出狱后经过奋斗虽然过上了不错的生活，可是一旦在街上碰到石老师，他总会打老远就躲开。后来，情况发展到一听到石老师的名字，他就浑身起鸡皮疙瘩。可见，这家伙的心理阴影有多大。

我对他说："我很敬佩你的这种胆怯，因为你还知道老师的作用，还知道什么是荣辱，不然你我都会没出息。"

人世间总会有那么一些人值得我们去仰慕和尊敬，老师就是其中之一。尊重老师其实是尊重文化，一个民族没有文化就没有出路，一个人没有文化也与僵尸无异。

师生关系，就是人与文化的关系，断不敢终结。

5. 雇佣关系：长达三年之久的"保姆之争"

谈到雇佣关系，我一下就想到了保姆，也就是保姆与雇主之间的关系，这样说虽然略显狭隘，但能以管窥豹地折射出雇佣关系的许多端倪。当然，如果从广义上讲，职业经理人、企业员工等所有的工作关系，都可以理解为雇佣关系。

下面我先讲讲我家请保姆的故事，以便让大家更好地理解雇佣关系。

前年，母亲中风后失去了自理能力，需要二十四小时全天候照顾。不得已，我在劳务市场请了一位保姆帮助伺候老人。谈好了待遇及注意事项，我就把保姆接到家里了。

保姆是一位五十六岁的大姐，看上去还算干净利落，也很会说话，于是我决定试用一段时间，以观后效。

一开始，保姆的表现还可以，能按时给老人做饭、喂饭，屋里收拾得也算干净，我们悬着的心也渐渐放了下来。平时，我们还一起吃饭一起看电视，看上去像是一家人。

可是，时间一长问题就逐渐暴露出来了。有一次我下班回到家，看见母亲面露怒色，咿咿呀呀地指着保姆像是在控诉什么。于是，我就问保姆发生了什么事，可是她说不知道母亲在表达什么。母亲越说越急，眼泪也婆娑起来。

尽管保姆不说，我大致也能猜出发生了什么。于是，我平心静气地跟保姆谈了一次话，希望她不要怠慢老人，更不能做对不起老人的事，可是她依旧不承认做错了什么。

都说保姆难找，好保姆更是凤毛麟角，于是我只能本着息事宁人的态度化解事端。慢慢地，我也看透了保姆的心思，她嘴上说得很漂亮，可就是懒得多做一点活儿。比如扫地，她只是大致扫一扫屋子中间的地方，而桌子、床下面却灰尘遍地，厨房、卫生间的问题更严重了。

更可恶的是，我偶然听到她竟然训斥老人。尽管这样，我还是给她按时发放足额的工资。周末，她回家休班，我都会特意给她一些礼物，并亲自开车送她。我想用人性化的态度感化她，让她找到家的感觉。谁承想八个月后，她再也不来上班了。我打电话去找她，她以家里有事为由一推了事。

没办法，我只能再去找别的保姆。就这样，在不到三年的时间里，我断断续续地换了几位保姆，竟然都不理想。于是，我下决心将老人送到敬老院，结束了长达三年之久让人焦虑、郁闷的"保姆之争"。

作为被雇佣者（实际上，我们差不多都是这种身份），首先要怀有感恩之心，应该感恩雇主（单位或老板）给了我们一个工作挣钱的机会，让自己能安身立命，所以只有加倍努力地

工作，才能对得起这份收入。

同样，作为雇主一方，除保障合同规定的权益之外，还要把被雇佣者当成企业的主人，信任、依赖他们，激励他们发挥主人翁作用，有责任心、有创新意识地去工作。这是一种最起码的信任，是关系之间最理想的存续状态。

有些人为什么不容易成功？根本原因是没有意识到利害得失之间的关系。如果你真心实意地工作，相信雇主也会拿出相应的态度对待你，因为人心都是肉长的，大家都会将心比心。

当然，也有一些雇主过度吹毛求疵，不太顾及被雇佣者的尊严，这就有点不近人情了。

雇佣关系的最高境界是"你好我好大家好"。实际上，这也是所有关系的标杆——这就好比一个人有两只手，离开哪只手都不行。

6. 战友关系："老班长军人服务社"的故事

经历过军营生活的友情，都可以经受住蹉跎岁月的考验。无论分别多少年，即使沧海桑田，他们只要一个军礼，就能把蒙尘的心灵洗净。

先讲一个发生在我身边的关于战友的真实故事。

一帮同年入伍的战友又在同年复员了，他们分散到各地，或被安排在单位就业，或回到家乡创业。

在复员后的第一次聚会上，老班长马鸣一仰脖干了一杯，说："咱哥几个里，应该说我的工作安排得最好，但我没有一点成就感，简单平凡的日子不是我想要的，不知道大家有没有这种感觉？"

马班长一席话引发了战友们的共鸣，大家都希望他带个头，做一点战友们应该做的事情。没承想，马班长还真有打算，他说准备辞职成立一个"军人服务中心"，员工清一色地选用退伍军人。

最后，他激动地说："我们能做的就马上做，不会做的就去学，但是一定要体现出军人的优良作风来。别看我们已经脱下了军装，但我们依旧是战士，依旧是一支纪律严明、精益求精的队伍。"

马鸣的提议得到了大家的积极响应，于是，"老班长军人服务社"开张了。那一天，有关领导都来祝贺了，附近的市民也都来看热闹。看到军旗下那支整齐的队伍，以及那标准的军礼，大家都说这公司一定能火起来。

"老班长军人服务社"是一家综合性的服务公司，业务范围很广，从协助警戒、护卫押运，到修电脑、安空调等，各类家政服务一应俱全。

最吸引眼球的，是服务社门头前早晚各一次的升降旗仪式。早晨七点半，员工们身着板板整整的准军装列队，在庄严的军歌中行军礼，目送军旗升起；晚上下班时，又是庄严的降旗仪式。渐渐地，服务社的这个举动成了这座城市的一道风景，很多市民和游客慕名前来观看升降旗仪式。

服务社的业务开始应接不暇，因为军人的信誉不容怀疑。同样，员工们都是严格按照部队的行为规范来要求自己，他们一丝不苟地把军人作风融入到了工作中。"找老班长"成了市民的口头禅，这是市民赋予他们的最高荣誉。

服务社开张不到半年，插着国旗、军旗、服务社旗帜的公司地址竟然成了城市的一处旅游景点。公司的业绩更是在同行中名列前茅，很多服务公司甘愿臣服于它，还有很多"老班长"更是慕名前来取经。

在一次公司全体员工大会上，马鸣抑制不住激动和喜悦地说："都说创业难，而我觉得一点都不难。因为，我们是战士，我们的客户就是亲人，我们的工作就是'敌人'，保卫亲人、战胜敌人是我们的天职，我们做到了，亲人们自然支持我们。"

"而最关键的一点是，我们没有丢掉军人的身份，能做的事情就一定会做到极致。我们做到了，客户就买账。"

其实，看看"老班长"公司里一个个挺拔的身姿，一个个标准的军礼，已经无需证明什么了。

从"老班长"身上，我领教了战友之间的关系，他们肝胆相照、心心相印，有困难一起上，有荣誉一起让，没有明争暗斗、勾心斗角，没有斤斤计较、抱怨、推卸——他们在战场上能战无不胜，在商场上同样会攻无不克。

"老班长"像一面镜子，我们也都应该对着这面镜子照照自己。

7. 异性关系：男女之间那些说不清道不明的事

"异性之间没有纯粹的友情"，无论你是否认可这个观点，但在自己心里一定也有一把衡量的标尺。

先看程先生与徐女士的遭遇：程先生五十岁有余，是某大学的一名知名教授，而徐女士是一名博士后留校老师。两人在同一所大学任教，年龄相差二十多岁。徐老师已经结婚，丈夫是一名年轻有为的公务员。

因为折服于程教授的学问，徐老师于是就拜其为师，打算深造。两人作风正派，治学严谨，一直是老师们津津乐道的好榜样。

一天，徐老师为一个学术问题请教程教授，两人讨论得很投入，竟忘了下班时间。恰巧，这事被一个多事的外系老师撞

人际关系应用心理学
Ren Ji Guan Xi Ying Yong Xin Li Xue

见，于是两人关系暧昧的消息不胫而走。

程教授的女儿找爸爸谈话，希望他注意影响，别晚节不保。这让程教授感觉丈二和尚——摸不着头脑。而徐老师的丈夫也找她谈心，委婉地提醒她洁身自好，不要违背当初的誓言。徐老师也感觉不可理喻。

事后，程教授和徐老师均感到这事有些莫名其妙，一定是有人在无事生非。可是，为了顾忌影响，他们还是决定保持适当的距离，以免再次节外生枝。但是，事情并没有到此结束，流言反而越传越邪乎，甚至有人"看"到徐老师坐在程教授的腿上了。

这下子，两家人都坐不住了。程教授的老伴找到学校领导要求辞退徐老师，而徐老师的丈夫竟然提出了离婚。

一气之下，徐老师服药自杀以证清白，虽然后来自杀未遂，但家已不家。而程教授也因为承受不住舆论和家庭的双重压力，毒火攻心突发脑溢血，成了植物人。

两人到底有没有暧昧关系，我们不得而知，如果有人想歪了，很有可能演变成不明不白的"男女关系"。但是，这个事件再次验证了"人言可畏"，足以说明唾沫星子真的能淹死人。

为了学习心理咨询，很多女士跟我保持着比较亲近的师生关系，还有很多女性访客通过工作也与我成了不错的朋友。实话实说，她们很乐意跟我倾诉苦衷，而我要扮演一个老大哥的角色去包容、接纳她们的苦衷。

借助上面的故事，我简略分析一下什么样的异性关系在什么情况（环境）下容易发生质变。

一个心智健全、身体健康的人，也一定是一个本能健全的人。这里所说的"本能"，指的是人的七情六欲，情欲当然也在其中。异性之间相互吸引合乎人自然属性的本能，如果没了吸引力那才可怕——爱情就源于异性的这种"磁性"吸引力。

正常、健康的异性关系包括夫妻、情侣（处在恋爱期的异性）、男女同学或朋友、异性伙伴（生意）关系等。而以"欲望"（利益占有和性占有）为目的的两性关系基本都不正常，尤其是以性占有为目的的两性关系。

有些女性为了自身利益，与男人保持着暧昧关系，而男人为了满足性欲甘愿被利用，这实际上是一种交换关系。还有一些男女纯粹是为了宣泄性欲保持着关系，那就是病态了。

异性之间的关系的确非常微妙，偏偏有好事者很乐意把这种事推上舆论的风口浪尖，这说明人的潜意识里有许多"暗物质"存在。

我接待过一名被舆论搞得心力交瘁的女性访客，她声称快顶不住了。我真的担心她会落得与徐老师一样可怕的结局，但又自觉无能为力。

我对她说："如果没事，就没必要害怕，更没必要向别人证明什么——这样的事往往越描越黑，应对的最佳方案就是置

之不理。你要明白那些人无事生非的目的，他们最担心的就是你没反应，你的置之不理、我行我素会让他们失去反作用力，所以他们很快就会偃旗息鼓。

"再就是，你要学着做一个心胸宽广的人。所谓的敏感，实际上就是小肚鸡肠。整天神经兮兮的人，不仅容易招惹是非，而且自己的心理也好不到哪里去。"

其实，越复杂的事情越简单，男女之间那些说不清道不明的事多数也不是空穴来风，而坦荡、从容才是应对流言蜚语的杀手锏。

舆论也有规律，再吸引眼球的新闻也很难持续较长的时间，当人们的好奇心得到满足，当又一波新闻接踵而至，那些看似雷霆万钧的爆炸性新闻很快会成为过眼云烟——除非你不断地授人以口实，让新闻不断发酵。

俗话说，男女搭配，干活不累。正常的男女配比可以愉悦身心，提高工作效率。我坚信，男女之间存在纯洁的异性关系，如果你走得端行得正，就不会被流言所左右。

8. 个人与集体之间的关系：大河涨水，小河满

实际上，我们每个人都与集体保持着某种关系，如国家、

单位、家庭，甚至是你的 QQ 群、微信群等都是你所依附的集体。因为，世间根本就不存在"独立者"。

那么，个人与集体之间的关系应该是怎样的呢？

首先是服从和尊重。

既然你依附于某个集体（组织或团队），也可能是某个集体的领导者或管理者，就要遵守这个集体的规则、章程，尊重团队领导和成员。这也应该是你在一个集体里面立足的最基本态度。

其次是捍卫和维护。

作为集体的一员，有义务捍卫集体荣誉，维护集体利益。而有些人缺乏这种意识，他们一边安享着集体给予的福利，一边却在诋毁集体的声誉。

看了央视播放的大型时政纪录片《辉煌中国》，我感到非常振奋和激动，我为祖国的发展感到由衷的自豪。但朋友圈里有些人却不以为然，甚至还说风凉话。我实在猜不透他们的心理，只能说他们人格扭曲吧。

生活在这个时代，我们享受着社会发展的辉煌成果，看到自己的国家如此繁荣昌盛，我们的国家归属感也会越来越强。作为一名有责任感、有担当的公民，一定要明白"一荣俱荣，一毁俱毁"的道理。

最后是参与和管理。

集体的成员必须有主人翁意识，无论你在这个集体中是何种地位、身份，哪怕你只是一名基层员工，也要把自己融入到

这个集体中，千万不要自己把自己给边缘化了。

参与不一定非要左右管理层的决议，而是要有参与意识，要积极主动地向上级反馈基层民意，给出合理化的建议，让管理层能洞悉"民情"。

我们供职于一家单位或一家公司，当然希望它发展得越来越有前途。所以，我们也要尽己所能地帮助集体发展。荣辱与共，同舟共济，这才是正确的价值观，也是个人与集体关系的精髓。

二、职场关系应用心理学：
徘徊在写字楼里的"迷茫一族"

焦虑、失眠、神经衰弱、消化不良、内分泌失调、颈椎腰椎病……天哪，当我把这些看似不相干的疾病罗列在一起，感觉自己都快崩溃了。但这些问题却成了那些驰骋于职场中、为前途苦苦打拼的上班族的"标配"。

"只有玩命地干，才能好好地活。"这个励志口号充满了矛盾——你都玩命了，还怎么好好地活呢？难道年纪轻轻的弄一身病就是好生活？难道公司、宿舍两点一线的生活就是高品质？

狼奔豕突的职场人似乎忘记了生活的本意，主观地把金钱与高品质生活画上了等号。可是，有钱有病的生活算不算高品质呢？躺在病床上的有钱人会给你标准答案。

清贫、拮据的日子非我所欲，现在还不是谈生活的时候，我们需要奋斗，一直奋斗，直到……直到哪一天为止呢？

我也有点糊涂了，面对轰轰烈烈的时代大潮，面对升职、加薪，面对教育、医疗、养老，面对车子、房子、票子，你有理由懈怠、你敢懈怠吗？于是乎，拿健康换钱甚至拿生命换钱竟然被标榜成高品质生活，既悲壮又无奈。

当然，既然我们已经搭上了时代这列高速行驶的列车，就要掌握技巧，把控局面，尽可能让单调、疲惫的职场生活变得轻松一点。

1. 把工作当成自我发展的平台

小邵大学毕业后应聘到一家大型私企上班，踌躇满志的他对前途充满了信心。但是，半年后他发现这家公司并不理想，整天加班而薪水纹丝不动。于是，他递了一纸辞呈后跳槽到另一家公司。

又是半年不到，他发现这家公司的老板简直就是一草包，根本不懂得知人善任。抱怨"英雄无用武之地"的他再次跳槽，但境况始终没多大改观。

跳槽来跳槽去的小邵，对是否继续改弦更张迟疑起来，于是他决定咨询作为心理师的我，想弄明白到底是谁的问题。

当时，我在纸上写下了三个词：薪水、人脉、平台。我让他仔细审视五分钟，然后回答我一个问题："你工作的目的是什么？"

小邵沉思了一会儿，说："当然是薪水，不给钱谁工作？给少了也没动力。"

我说："这就是问题所在，因为，你对这三个工作动机的排序出了问题，纠结在所难免。"

工作为了挣钱，这是天经地义的事，小邵的问题是：他没有把目光放到挣更稳、更多的钱上面。

如果你一直是个小职员，永远处在公司的底层，就永远是可有可无的角色，那么，即使你付出同样多的劳动，即使自己不跳槽也会存在时刻被老板炒鱿鱼的风险。这样的话，稳定从何谈起？高收入又从何谈起？

这就引出了一个很重要的职场概念：工作的核心价值观。

薪水、人脉（交际）固然重要，但相比平台的意义就显得不那么关键了。"把工作当成自我发展的平台"，才应该是年轻人工作的核心价值观。

你进了一家公司，就等于融进了一个崭新的信息集散地。公司的市场拓展，公司每一个与你打交道的同事，都可能会给你带来崭新的信息，而这些信息将会更加开阔你的视野，让你看得更高更远。

可以说，是公司给了你一个崭新的机会，让你开启了一段崭新的旅程。你只有站在更高的平台之上，才有可能获得更大的成功——如果没有这个平台，你可能依旧拘泥于过去的藩篱，苦苦挣扎，没有出路。

年轻人定力差，且急功近利，如果事情没按自己预想的步骤发展，就会心灰意冷，丧失动力。浮躁是时代的通病，更是年轻人的顽疾，他们很容易走入一个"鬼打墙"似的怪圈，看似努力，却一直在原地踏步。

再看看下面这个案例：我有一个朋友叫袁凯，他大学毕业后通过事业编考试进入本市一家事业单位工作——只不过是在办公室打杂。办公室有六个人，论年龄、资历、关系，他都是倒数第一。

每天，同事们像指使临时工一样让袁凯干这干那，他也一直像临时工一样不打折扣地听他们指挥——他不仅把分内工作做得一丝不苟，还承包了科室每天打水、倒茶、打扫卫生的工作。

一来二去，大家都觉得离不开这个默不作声的袁凯了……于是，几乎在每一个晋升的节骨眼上，他都没遇到大的阻力。用领导和同事的话说，这样的同志不提拔还真的说不过去。

就这样，袁凯一路坦途，到四十五岁时已经是重要的局级领导了。偶尔跟我谈起那段经历，他总是笑呵呵地说："我很明白工作为了什么，我相信天道酬勤，更感谢单位这个平台让我找到了自身的价值。"

稳重，应该成为年轻人的必修课。只有稳住了心，才能定得住一切，才能做更深、更长远的思考和打算。而稳重给人的印象常常是有城府，值得托付。

浮躁却能乱人心智，给人的感觉也是没章法、不自信。试问：谁愿意把要务托付给这样的人？

所以，要牢固树立"平台意识"，要把心定住，从长计议。"不想当将军的士兵不是好士兵"，是好士兵就要学会利用当下的平台，把眼光放长远，不计较一时一事的得失，不忘初心，持之以恒，这样才能最终实现既定目标。

2. 快速地适应新环境，谋事和"谋人"同等重要

如果你是刚踏入职场的年轻人，两眼一抹黑，人生地不熟，瞅啥啥新鲜，别人异样的眼光更会让你倍感紧张。经理叫你到办公室程序性地叮嘱了一些问题，部门负责人把厚厚的一摞文件放到你面前……

你的职业生涯开幕了。

环境适应是工作的第一步，这类似唱戏的开场锣鼓，打好了事半功倍，打不好就可能陷入被动局面。

向阳性格内向，白白净净的像个大姑娘，他不善言辞，一说话就脸红，只习惯被动地回答问题。成绩优秀的他进入了一家大型国企工作，经过两个月的岗前培训，业务技能已经谙熟于心，但最让他担心的还是自己的适应能力问题。

职场环境不同于一般的朋友圈，因为朋友之间没有多大的利益冲突，而同事之间会有千丝万缕的内在瓜葛——尤其是一个部门内的同事，或同级别的部门领导之间，竞争更是难以避免。

作为一名初入行者，你暂时不会对别人的利益构成威胁，大可不必草木皆兵。在这个阶段，除了熟悉业务外，最需要做的就是"识人"了。

职场人像川剧中变脸的演员，如果你要与某些人打交道，就必须对他们有一个客观清醒的认识。

有些人城府较浅，嘻嘻哈哈，口无遮拦，很快就会跟你勾肩搭背，你一下可能不太适应，但他们不会对你构成威胁，闹不好你们能很快成为朋友。

有些人城府很深，他们喜怒不形于色，你也很难通过表相看清他们的动机。对这类人，你要暂时保持安全距离，以观后效。

还有些人可能对你不冷不热，视你为空气。对这类人，你也不妨先把他们放在可有可无的位置上。

"少说多做"是职场新人的生存秘籍。对主动接近你的人，要以诚相待。如果有人过来试探你的立场，比如问你感觉某人怎么样，你要学会用一句"我看着都很好"来应对，切忌发表自以为是的观点，尽管你可能真的看不惯那个人。

"少说多做"体现的是低调，能给别人留下谦虚、内敛的"第一印象"，因为首因效应很关键。

在态度上，你可以做学生，即使你的基础素质和业务技能不比那些"职场老人"差多少，这也是你必须秉持的态度。

水平比你高的人，要虚心请教。记住，人都喜欢炫技，这可是你学习的好机会。而对那些技不如你的人，千万不要流露出不屑，那可是你潜在的粉丝。

再就是，你要明白自己喜欢做什么，会做什么，能做好什么。你要尽量在短时间内掌握公司业务的大框架，找准自己的前进方向，提前做好工作规划，一年的、两年的甚至五年的都要有谱。

职场也是一个圈子，适应环境就是要站在一定的高度上俯视全局，找准自己的位置。没多少人会在短时间内了解你的能力，但多数人却能在短时间内看清你的态度——你是否能立住脚跟，往往取决于自己的态度。

开篇提到的向阳，他自然有些性格上的缺陷，但他完全可以把内向的弱势转换成城府。交际是他的弱势，他正好可以以静制动，这样他不就把性格上的短板变成优势了吗？

当然，职场环境多变，绝不是认清几个人那么简单，最关键的还是要靠个人的业务能力——适应是为了更好地工作打基础，因为谋事和"谋人"同等重要。

人际关系应用心理学

Ren Ji Guan Xi Ying Yong Xin Li Xue

3. 有效应对职场的不利局面

先讲两位年轻人的故事，其中一位是在事业单位工作的小孙，一位是在私企上班的小钱。

小孙参加工作五年有余，供职于某单位业务部门。他再三审视同科室的几位同事，觉得无论学历还是业务能力，自己都不在他人之下。他想：按晋升的一般规律，大科长走后（升职或退休），副科长的位子一定非自己莫属。

但事与愿违，大科长升职后，原副科长顺位扶正，而小孙觊觎已久的副科位子却被一位多事的大姐给占了，这让信心满满的他极度失望。凭什么呢，怎么也轮不到她呀？后经"高人"指点，小孙才恍然大悟：原来人家有关系。

失利后的小孙一蹶不振，消极怠工，不求上进，还整天在科室里说风凉话。尽管科长找他谈过几次话，可他固执地认为科长偏袒那位多事的大姐。

一年后，小孙辞职下海，投奔在广州的同学做生意去了。

小钱就职于一家私企，刚应聘上岗时，他觉得公司的前景还是不错的。在公司全体员工大会上，总经理扬言要在五年内上市，未来公司所有的员工都将成为上市公司的股东，成为百万富翁、千万富翁不是梦。

可是五年过去了，小钱从新员工变成了老师傅，但公司并没有上市的迹象，自己的薪水也没涨多少。渐渐地，他对公司的前景产生了怀疑："我还有必要在这里待下去吗？"

自从冒出这个念头后，小钱的心态随即发生了变化，他四处打探更合适的公司，打算跳槽，还悄悄地开始备考事业编单位。而他在公司的工作，却是有一搭没一搭的。因为他的消极怠工，让部门的工作数次陷入了被动局面。

对供职单位的担忧，就是对个人前程的担忧。刚刚迈入职场的年轻人往往对单位抱有很高的期望，甚至会暗自制订自己的发展路线图。但现实往往会低于自己的预期，甚至与初衷背道而驰。

那么，在职场中受挫的年轻人该怎样应对不利开局呢？

先看小孙，他遇到的是人事（或仕途）问题，这是仕途生涯必须要经受的磨难之一，就像取经路上的唐僧。年轻人要求上进不是坏事，但也不可避免地会面对狼多肉少的职位竞争。那么，你有没有竞争的资格和条件呢？

先看资格吧，它一般分显性和隐形两种。

显性的就是能摆在桌面上的，能用来"论资排辈"的档案内容，如学历、职称、称号、工龄等。

隐形的就有点复杂了，如你的能力，包括协调组织能力、

道德品质、人脉关系等。而这些能力往往没有统一的计量标准，它只存在于人们的认知里，但又见仁见智。

实际上，这些看不见、摸不着的隐形资格往往能决定一个人的真实水平。

论资排辈的条件是"硬通货"，但可能会出现硬件相差不大的情况，于是就要靠软件了。"公道自在人心""群众的眼睛是雪亮的"，由品质演化成的能力往往会在竞争中发挥出关键作用。

所以，年轻人不要恃才傲物，不要忽略对自身素质的培养。因为，光有学历、职称还不足以战胜所有的竞争对手。反观小孙，他对自己的硬件条件信心满满，但他的品质却没受到公众的认可，可以说他是输在了品质上。

再来看小钱，他遇到的是市场问题。市场也有大小之分，大市场就是国际国内的经济走势，小市场就是公司的经营状况。无论市场的大与小，作为一般员工是不能左右局面的，这一点必须认清。

因此，你所能做的就是适应，当然你肯定要尽力为公司着想，但如果实在无能为力，撤退未尝不是上策。

我曾问过一名年轻的职场人这样一个问题："如果公司要求损失你的个人利益成全公司利益，比如你必须在婚假期间去谈一笔自己所参与的项目，你愿意吗？"

他犹豫了半天，说难以取舍。

我说："这个'难以取舍'就决定了你的事业观。"

大家都明白"大河涨水，小河满"的道理，可到了考验自己的时候，往往都会打退堂鼓。最后提醒一句："民无信不立"，这个"信"字含义很深。因为，一个没信或失信的人，无论走到哪里都会以失败告终。

4.《劳动法》遭遇的尴尬

已经怀孕七个月的沙女士就职于一家颇具规模的民营企业，担任某业务部门副管，由于妊娠反应厉害，她计划提前休假。

没想到分管副总说要与主管商量，而主管出于好意，劝她慎重考虑，说这时休假对公司业务和她将来的晋升都不利。意思是：等生完孩子回来，你副管的位置就很难说了。

于是，沙女士根据《劳动法》的相关条款要求公司保留产假后的位置，但公司提出要与她签订一份产假协议书，要求她放弃"保位"，服从公司安排。

沙女士越想越生气，拿着《劳动法》找总经理说理，没承想总经理说："这是公司的规定，与《劳动法》没关系。"

抚摸着一天天隆起的大肚子，想想这些年的辛勤付出，沙

女士欲哭无泪。

　　沙女士的遭遇并非个案，因为《劳动法》在很多企业形同虚设，相信很多人会替沙女士打抱不平。

　　然而，我们面临的现实是：企业经营要计算成本和利润，其中人工成本占很大的比例。再就是，企业不像国家机关那么程序化，临时性的工作居多，如果职员都朝九晚五是绝对不现实的。企业（民营企业居多）加班早已成为常态，而加班不加薪的现实，职工也早已习惯并认可。员工都明白这是"榨取剩余价值"，可是面对供大于求的人才市场，你没得选。虽然这是现实，但我们还是要维护自己的合法权益。

　　反过来，通宵达旦的工薪族，为了能在喜欢的城市有一个立足之地，认可了被盘剥的现实，不惜透支宝贵的健康。

　　这很残酷，也很无奈，但它就是职场的规则，既然想玩，就得服从。

　　我给沙女士的建议是：谁也不能剥夺你做母亲的权利，孩子的健康成长才是你的希望。其实命运都掌握在自己手里，如果你有能力，就不愁找不到合适的工作。所以，你没必要跟公司和规则较真。

　　人挪活，树挪死。看似是绝境，可能是新机遇。困难，也可以理解为智者善意的提醒：朋友，你该拐弯了。

5. 实现高效的"智慧工作"

上中学时，我就发现了一个挺有趣的现象：班上的几个学霸级同学不但学习好，而且爱好广泛——我几乎看不到他们花多少工夫去学习。我曾向人家取过经，得到的答案是要掌握"学习方法"，仅靠死记硬背不行。

同理，同样在一个部门工作，也做着同样的业务，为什么业绩就有了优劣之分？答案也是"工作方法"。勤能补拙，也只是能补拙而已，你很难会因此而出类拔萃。

职场达人小纪的工作经历，会让大家明白什么是"智慧工作"。

小纪职专毕业后应聘到一家电器公司业务部工作，说白了就是发发小广告。这是一个中学生都能干的活儿，小纪觉得它是对自己"国际经贸专业"名号的亵渎，开始时，他很是消极地对待工作。

幸好，小纪有喜欢思考的好习惯。上班第三天，他拿着一摞广告单在自家电器超市门口徘徊。起初是见人就塞广告单，后来是评估人群往准客户手里塞，不到一个小时，五百张广告

单分发一空。

没想到，在回公司办公室的路上，他竟然发现了很多散落在地上和铺在路边石上的广告单。他大致数了数，在不到两百米长的人行道上，竟然有数百张自家的广告单。他很心疼，感觉自己的工作白做了。

回到公司，他把自己的所见所想跟经理做了汇报。

经理很佩服这位年轻人的责任心，他说："现在的广告方式都让人开发透了，大的投不起，小的不起作用。我们也在想新方法，可实在想不出来了。公司也鼓励年轻人开动脑筋为产品销售献计献策，可惜至今都没有结果。如果谁有妙招能推动产品销售，我一定重重奖励。"

小纪当场跟经理打了包票，经理也对他寄予了厚望。

经过苦思冥想，小纪的一套"世界未解之谜100例"系列出炉了。他首先搜集了古今中外一百个悬而未决的案例，分"自然""文化""战争""侦探"等几大系列，从UFO、神秘百慕大、尼斯湖水怪、水晶骷髅、麦田怪圈等超自然现象到玛雅文明、古埃及文明等人文历史，从《蒙娜丽莎》的微笑到神农架野人，应有尽有。

这个广告系列的名字叫"蒙娜丽莎的微笑"，广告册子的封面上就是油画《蒙娜丽莎》，下面写着一行小字："探究未解之谜，让兴趣激活孩子的大脑。"

广告册子里三分之二的内容是那些悬案的始末，图文并茂，故事性极强，而三分之一的内容才是公司广告。画册做得很低调，若不细看，还真不知道是广告。而这些画册并不在街头发放，只放在商店门口，凡进店者人手一份，尤其是孩子。

小纪把方案交给经理，经理看后大喜，很快就批准了。经过策划、设计、印刷，一份看上去十分精美的"蒙娜丽莎的微笑"出现在公司各经营部的门口。

起初，顾客认为这是商场送的画册，可是看完之后，大家立马激发了极大的兴趣，纷纷带着孩子到店门口拿画册，一千份画册几天就被取完了。

于是，公司又加印了三千册，并且出台了新规则：凡进店购物的顾客才赠送画册。可想而知，如果要集齐一百个悬案，就要买不少商品。

那段时间，公司门店出现了这样的奇观：孩子们为了索要画册，集齐画册里面的悬案，纷纷拽着家长来店里购物。而家长也会这样想：去哪里也是买，何不一举两得呢？

就这样，公司的销售额飞快地上升了。经理夸小纪有智慧、有能力，小纪也顺理成章地当上了销售部经理。

仅有热情是不够的，同理，仅靠勤奋也很难出人头地。无论做什么工作，都需要智商开路，但凡成功的人无一例外不是靠智慧打天下。

后来，小纪又想出了很多销售妙招，比如购物看电影、购

物赠书、购物免费旅游等，给一件件死的商品注入了无限活力。再后来，他又在公司内部开办了一个"智慧工作"讲习班，专门培训慕名而来的销售人员。

小纪说："大脑这东西很奇怪，它就像一个取之不尽用之不竭的宝库，只要你愿意，它就随时能给你提供智慧。"

人的智商都差不多，但开发的力度取决于你的努力，而智慧青睐勤于思考的人。所以，聪明与愚蠢的区别在于：有人在思考，有人在睡懒觉。

6. 同行是冤家

老话讲，"同行是冤家"。实际上，在一家单位工作的同事才是真的"冤家路窄"。

小秦与小息同在公司业务部任职副经理，论学历、资历、水平和业绩，他们也都相差无几。公司传言业务经理另有安排，于是，谁坐业务部第一把交椅就成了大家关注的话题。在这事关前途命运的大事面前，当事人小秦和小息自然都不敢怠慢，谁也不敢马虎。

小秦备重礼去了总经理家，来意不言自明。总经理没表态，只说希望小秦要继续好好工作，不要受这事影响。

小秦却一直忐忑不安，感觉还应该加点保险，于是特意飞回老家花重金购买了一块儿上好的玉件，再次郑重其事地把它送到了总经理家。总经理还是那些话，并且敬告小秦不要再花冤枉钱。

小秦如坐针毡，寝食不安。一方面，他在揣度领导的心思；另一方面，他四处打探小息的动向。他想自己在送礼，小息一定也不会落后，说不定比自己送的还多还重。于是，他跟妻子商量，准备筹重金再上保险。

再说小息，自从得知"补位"消息后，他就开始评估自己与小秦的实力。论业绩和能力，他与小秦不相上下，但自己有着致命的短处，那就是拮据——虽然自己表面上体面，但根据经济实力，自己的确拿不出什么像样的礼物。

仨核桃俩枣的人家压根儿就看不上，动真格的又不行。小息思忖再三，决定索性以静制动，按兵不动。这段时间，他只按平常的态度对待工作。

终于到了揭锅的那一天，没想到小息被公司任命为业务部经理，而小秦还是副经理。这个结果大大出乎小息的意料，也大大出乎小秦的意料。

百思不解的小秦甚是窝火，于是他找总经理诉委屈。总经理是这样回答的："你和小息的条件差不多，让谁当经理都说得过去，但大家都认为小息比较朴实，没有那些弯弯绕，最后意见集中到了我这里。真金不怕火炼，如果你真的有能力，公

司不会埋没你的，请尊重和理解公司的安排。"

后来，小秦的礼品也全部被总经理退了回来。

看了这个故事，大家是不是会产生这样的疑问：如果小息跟小秦一样也在背后搞小动作，斥重金贿赂领导，结果会怎样呢？

说白了，同事之间的竞争往往是"你死我活"，而竞争的硬件有学历、工龄、业绩、职称、职位等，软件有能力、品质、口碑等。当用硬件没法决出胜负时，群众的口碑（其实是主流价值倾向）就显得弥足珍贵了。

最后涉及人事关系，大家都感觉头疼，越想越复杂，越复杂越想，真是剪不断理还乱。同事之间，坦诚交流的少，相互猜忌的多，尤其是勾心斗角，云谲波诡。

人际关系是一门大学问，讲的是处世技巧，所以完全可以学习和运用。

当大家被潮流推着向前跑时，往往会忽略事物的本质，那就是"物极必反"。其实，越复杂的事往往越简单，而很简单的事却往往会被人弄得很复杂。复杂，也往往是那些浑水摸鱼者释放的烟幕弹，而迷惑的往往是那些自作聪明者。

明智的做法是，把复杂的问题简单化，所谓的"大道至简"讲的就是这个道理。清者自清，只要能学会跳出圈子看问题，就一定会有一个比较清醒的认识。

同事可以是对手，但绝对不是对头，需要和平共处，坦坦荡荡。笑到最后的往往是那些能沉得住气的人，这就是"厚德载物"的修身大道。

7. 适度的恭维也是一门学问

小腾天生内向、木讷，是那种只低头拉车，不抬头看路的"老黄牛"级人物。但他天生聪慧，给公司提出的几套改进方案都产生了很好的效应。

总经理也比较赏识这位貌不惊人、惜字如金的年轻人，一直让他在企划部协助部门经理的工作。但是，小腾也有致命的弱点——沟通能力欠佳。一次，他在饭店与几位同学吃饭，碰巧遇到了企划部经理郝远也在这家饭店用餐。

席间，郝远拿着一瓶五粮液过来敬酒。过后，同学都调侃小腾说："混得不错，你的顶头上司都过来敬酒了。"小腾却说："领导关心下属是应该的。再说了，企划部的主要工作都是我做的，经理过来敬杯酒也在情理之中。"

按理讲，小腾当时应该回敬郝远，可他没这样做。谁承想，那次邂逅却成了小腾职场生涯的拐点。不久，他就被调到了业务部，不得已每天都得去拉关系、跑客户。这可是他的弱项啊，于是他找总经理反映，要求调回企划部工作，总经理却支支吾

吾地答应他过一段时间再研究。

小腾明知道这是郝远在背后捣鬼，可他又不明白原因。于是，他开始郁郁寡欢，生活和工作一团糟。

显而易见，小腾很聪明，企划部的很多好方案都出自他手，总经理也很赏识他的才华，可这在无形中就显出了郝远的"无能"——试想：让一个比自己还厉害的下属待在身边，对自己是多大的威胁？

于是，郝远早晚会把小腾弄走的。

退一步讲，如果小腾能看清局势，在那次邂逅中谦卑地对郝远有所表示，那么他的命运也许不会这么快就发生转折。可惜的是，他的自以为是加剧了郝远的不安全感，于是接下来发生的事也就顺理成章了。

"武大郎开店——高我者不用"的心理常见于职场，尤其是在部门领导的思维中。你比我厉害不要紧，但不要威胁我的位置，这就是职场中的"安全距离"法则。

反过来讲，跟领导处好关系是与业务能力同等重要的工作能力。人常说"如履薄冰""夹着尾巴做人"，指的就是谦虚、低调的态度。这是人在职场的基本态度。当然，职场如战场，暗流涌动的竞争激烈而残酷，还是得配以"计谋"。

再看看另一位职员陈欣的做法。与小腾一样，陈欣也很有能力，部门的所有策划也差不多源自他手。可陈欣的做法是，每次他都会把自己的方案亲手交到部门经理于洋手里，谦卑地让领导修正。

于洋本挑不出陈欣的什么毛病，可每次还是会煞有介事地圈圈点点，这样一整，方案倒像是出自他手。每次部门开会，陈欣也都极力赞赏于经理的韬略，一来二去的两人之间便有了默契。

两年后，于洋升迁，陈欣名正言顺地成了部门经理。

看来，适度的恭维也是一门学问，需多加修炼。

8. 关键时候要懂得放低姿态

一瓶茅台酒的价格是多少？即使你没喝过，上网一查也会了解个大概，就拿五星"飞天"来说，差不多一千二百多元——对，这是它的市场价。但是，同样的一件东西却会在不同的时机体现出不同的价值。

下属给领导送了一瓶五星"飞天"茅台酒，在领导眼里，这瓶酒也就是一千多元，它不可能再增值多少，因为他家里可不止一瓶茅台酒，给他送茅台酒的也不止一个人。

反过来说，如果领导送给下属一瓶茅台酒，并顺便说一句"给咱老人尝尝吧"，那么，下属会作何感想呢？这瓶茅台酒的价值还是一千多元吗？恐怕不是了吧。

这里只是打一个形象的比喻，因为一般的下属给领导送不起茅台酒，而给下属送茅台酒的领导更是凤毛麟角。但我们可以把这瓶茅台酒转换成一份"诚实的态度"和"贴心的关怀"。

管理是个大问题，满墙的规章制度、喊破喉咙的叮嘱，其实很难见到实效。员工的身体可以不迟到、不早退，但他们的思维不一定会出满勤。不管怎样，"当一天和尚撞一天钟"是对工作最大的亵渎。

管理者埋怨人心不足，而员工也是一肚子委屈，两者之间好像成了"敌对关系"，这就是管理之大忌。

那么，能不能换一种管理方式呢？可以的，我们尝试一下"温情管理"。

松下集团创始人松下幸之助规定，严禁员工在车间内吸烟，如果被发现立马开除。

有一次，松下"微服私访"，发现一名员工在车间吸烟。而当员工也发现松下时，他就知道自己的下场了。于是，他整理了一下手头的工作，对松下深鞠一躬就往外走。松下叫住他，问："为什么不说说原因呢？"

员工回答："在制度面前没有原因，我认罚。"

松下说："我允许你说说原因。"

员工说："我父亲昨天去世了。"

松下见四下无人，继续说："第一，我并不认识你；第二，那边有吸烟室。"说完，他转身走了。

后来，这位员工成了松下集团的一名高管。每当谈起这事，他都很激动，说："如果没有老板的那句话，我的命运可能会发生很大的转折，我感恩松下先生的人性化管理。"

有一家韩资企业的写字楼突发大火，所有员工紧急撤离了。当大火被扑灭后，董事长上楼查看损失，结果看到了一幕让他终生难忘的场景。

在公司八楼的档案室门口，一位已经被烧成重伤的女士抱着一床被烧煳的被子靠在门口，而八楼里面所有的办公室，也只有档案室的门没有被烧透……女士被紧急送医抢救，所幸没有生命危险。

原来，她是公司的一名清洁工。得知真相的董事长问她："你为什么这么做？"她说："您每次路过我身边时，总会鞠躬说'辛苦了'，我感觉这里像家，我也知道档案室里的资料很重要……"

再看看《三国演义》里刘备的做法。论文韬武略，在最初的集团里刘备都不占上风，但他能把一帮能人聚在一起，他用的是何种手段呢？他会哭。

这当然是一种姿态——刘备甚是明白姿态的重要性，他用的是"凹聚水，低聚贤"的大智谋。

那么，何为"低聚贤"呢？

在一个群贤聚集的团队里，没多少人喜欢一个刚愎自用的

大哥。于是，刘备故意把自己弄得很无能，他哭，他摔孩子，他凡事都说"就靠众家弟兄了"。所以，诸葛关张赵等人非但没有看不起这个"窝囊"大哥，反而群策群力，团结一心。

再对比一下曹操。曹丞相可以"挟天子以令诸侯"，但他竟然能光着脚丫子跑出来迎接降臣许攸，竟然能为一个谋士郭嘉扶棺痛哭，这说明他真的爱惜人才，尽管里面也有演戏的成分。

由此来看，在管理方面，刘备和曹操使用了同样的手法：惜才，礼贤下士，关键时候懂得放低姿态。

上下级关系无非就是管理与被管理的关系，那么，管理应该是"和谐的理顺"，核心是和谐，理顺是技术，目的是让被管理者心悦诚服地工作。只有这样，才能调动员工的主观能动性，激发他们的热情。

相反，如果一个管理者把公司的气氛整得如临大敌一般糟糕，那就不是管理，而是"添堵"了。

9. 合理地制订工作规划

据我观察，刚入职场的年轻人很少有人明白"规划"的含义，多数人只是懵懵懂懂地在往前闯，走到哪里算哪里。

前面也讲过，很多年轻人喜欢跳槽，总感觉下一家公司（职位）更适合自己，结果跳来跳去总是不理想，这就是"规划"出了问题。

如果你感觉工作不合适，首先应该明白孰是孰非——到底是自身的问题，还是工作的问题？如果连这个道理都搞不明白，跳槽到哪里也一样。

规划不只是"涉外"，还要"涉内"，即知己知彼。你要明白自己的人格特质（或气质类型）到底适合做什么性质的工作，不妨与所能涉及的工种做一个对照。

比如，你的气质类型属于思考型，那么就尽量避开指挥型或社交型的工作。再如，如果你适合做研究，就别去做外交或者跑业务。

那些在职场中跳槽来跳槽去的人，多数不明白自己究竟能干什么，而且总是这山望着那山高。做工作计划（也可以说是人生规划），就是要给自己做一个基本定位，而定位不好只会一生徒劳。

公司里的临时性工作层出不穷，员工制订的工作计划（节奏）也往往会被打乱，让人产生焦躁情绪，但临时性工作也是工作的一部分，需要员工以平常心去对待。

这里讲的是正常的工作计划。各部门的工作有相当一部分是综合性的，比如行政部、市场部等，有时候分工并不是那么泾渭分明。如果你在一个综合部门工作，那么首先就要把分内

工作做好，切记舍本逐末。

工作日记也很重要，年轻人一定要养成写工作日记的习惯，比如在手机的记事簿上记录也可以。但我还是赞同用笔记本，在笔记本封面上要标注起止日期，待用完一本后可以编号归档保存。

日记的内容要有规律性，首先要把每天完成的工作记下来（就是做了什么事），以及好的地方在哪儿，不足在哪儿，需要注意和改进的地方在哪儿，更何况有很多数字性的东西需要一一记清。

记日记其实是对一天工作的小结，利害得失都要梳理，这样才能不断地看到成绩，找到不足。成绩会积少成多，不足会一点点克服，把自己的每一天当成向上攀登的台阶，这样才能找到动力和成就感。

再就是给自己制订一个短、中、长的工作规划。短的一般是一个月，要督促自己按时完成。如果你从事的工作无法量化（如行政、财务工作等），那么你就要制订一个与工作相关的学习和晋级计划。

中、长远计划要根据自己的工作性质来制订，比如三年内要竞选部门经理，或者是能做到什么职称，五年内要完成一项自己制订的研发任务，能量化的尽可能量化，量化越具体就越好完成。

规划一旦制订，就要严格按照步骤去实施。有了目标才不会举棋不定、左右摇摆，这样就会少做很多无用功。

最后建议做一个"随手记"（就是一沓装订好的信笺），放在自己的案头。

每天走进办公室，第一个动作就是把今天需要处理的事按轻重缓急编码写成"随手记"，完成一项划掉一项，离开时看看还剩下几项，并快速总结一下未能完成的原因。未能完成的任务，可以把它转到明天"随手记"的第一项。如果有一项工作失去意义，就把它迅速划掉。

实际上，工作计划是人生计划的一个重要组成部分，规划好、实施好，才能不掉队。

10. 用秘方去缓解工作压力

许多职场朋友跟我索要"减压秘方"，因为他们总感觉自己徘徊在崩溃的边缘，需要减压，以此保证健康。我感觉他们是很明智的职场人。

减压，首先要弄明白压力的来源（即压力源）在哪里。从宏观角度讲，压力源自个体对工作的认知，也就是工作态度。比如，一名学生如果感觉到学习是一种乐趣，能发现学习的价值，那么，他的学习生活就会相对地轻松起来。

同理，如果一名职员有很强的工作动力，并能在工作中找到乐趣和价值，那么，他所承受的工作压力就会相对地减小。反之，如果你感觉工作是一种负累，只是被动地应付，那么就没有乐趣和价值可言，压力也就会倍增。

所以，缓解压力的前提是端正工作态度，其次才是应对工作量（工作强度和时长），这当然需要用技术来调节了。

前面讲过工作规划的重要性，它能把看上去纷繁复杂的工作条理化、顺序化，也是缓解压力的有效办法。工作最怕的是不分轻重缓急，胡子眉毛一把抓，结果往往是忙忙碌碌而不见效，这实际等于加大了工作量，不累才怪。

下面说说能实际操作且立竿见影的一些减压方法，它们大致分为"合理宣泄"和"注意力转移"两大类。

合理宣泄的办法有不少，只要不伤人伤己都算合理。比如，写日记，找知己畅谈，打球、骑行等体育活动，在 KTV 大声唱歌，在树林里呐喊，在大雨中行走，适当买醉……实在不行，就去心理宣泄室击打道具人。

当然，每个人都有适合自己的方式方法，不能一概而论。

我有一个职场朋友就很有意思，他的减压方法是"甩鞭子"，就是那种健身用的响鞭。他随车携带着这只鞭子，晚上下班后先去小广场甩上大半小时，一边甩一边告诉自己："所有的郁闷、压力都甩掉了！"这样做的效果很好，不但减缓了压力，而且还练就了一副好身体。

注意力转移，就是让自己从烦琐的工作中暂时解脱出来。很多职场狂人忘了工作的目的是为了生活，他们把自己长时间锁在写字楼里，除了工作还是工作，结果把自己弄成了神经症，这就本末倒置了。

以我的经验来看，看书，听音乐，业余写作，与朋友喝茶、聊天，选自己喜欢的健身项目比如瑜伽、乒乓球等，都可以把自己的注意力从工作上转移开来，暂时忘记工作的辛苦。

有一位年轻人的做法值得推广。他会在工作间隙听一首舒缓的乐曲，一边听一边在白纸上画画。他画的一般是海滩和森林的场景，比如一个小人坐在海边。他一边听，一边想象自己在画中的感觉，很快就会把工作中的烦恼暂时忘掉。

而当回到现实后，他会觉得头脑特别清醒，思路特别清晰，不但不会影响工作，反而事半功倍。

这其实是一种自我催眠，很有效。

在此，我想提醒职场中人，工作只是生活的一部分，一张一弛、劳逸结合才能算得上高品质。而评估高品质生活的标准是，觉察自己身心是否健康、情绪是否长时间稳定、心情是否长时间愉悦——如果你没有达到这种状态，那么就需要适当地做调整了。

所以，只知道工作而忽略了生活，那工作本身就无意义了。

三、婚恋关系心理学：
那些骑在"围城"城墙上的人

　　婚恋关系事关社会稳定和下一代的健康，意义重大。婚恋的顺序应该是先恋爱，后结婚——恋爱是结婚的基础，结婚是恋爱的结果。婚前的了解，要通过双方不断地接触、沟通来完成。

　　试想，现在如果按照旧时代的婚姻模式，男人只有入了洞房揭开新娘的红盖头才知道自己媳妇长啥样，那该是多么可怕的事情。

　　人们都向往和谐、幸福、稳定的家庭关系，愿望是美好的，但现实很残酷——同居、一夜情、婚外情、高离婚率等，让婚姻"围城"山雨欲来。曾经的婚恋观，如今在商品大潮的冲击下变得不堪一击，被失败婚姻击昏的人痛心疾首，他们在思考这到底是为什么。

婚姻"崩盘"后最直接的受害者是孩子，失去家庭护佑的他们被动地接受了现实，丧失安全感的他们瑟瑟发抖，用稚嫩、迷惑的眼睛寻找着答案……

他们不解，那些口口声声说爱自己的爸爸妈妈，为什么对自己是那样的绝情？失败的婚姻造就了一大批心理扭曲的孩子，等待他们的将是无望而黯淡的未来。

但是，仅有批判是不够的。

爱情在炫目的物质堆积中早已经褪去了光环，婚姻的缔结往往是权益的合谋。

而"以自我为中心"的婚姻观让家庭成了合租的"旅馆"，对于"离婚"这两个字，人们不再难以启齿，不再遮遮掩掩了。

1. 利益与美貌缔结的婚姻——爱情多少钱一斤？

用花容月貌形容眼前的李芳并不过分，但她那被阴霾笼罩的脸上，却没多少生机。在我的工作室里，她讲述了自己的不幸婚恋史。

长相俊俏但出身普通的李芳，偶然结识了富二代谢东。当谢东提出与她建立恋爱关系时，她竟然没敢答应——她明白自己的

身份和地位，家里有残疾的父亲、病重的母亲、尚未找到工作的弟弟，这些条件怎能与风流倜傥、花钱如流水的谢东相提并论？人家怎会看上她，她又怎敢高攀呢？

但李芳最终还是没抵挡住谢东的软磨硬泡，她答应了谢东的要求。而她态度的转变也得益于闺密小霞的一番耳语："李芳，你知道谢东为什么单独看上你了吗？因为你长得太有价值了。"

那一刻，李芳忽然"开窍"了："对呀，说白了不就是一种交换吗，我的美貌配他的权势，很公平。"

李芳和谢东上床后的第二周，病重的母亲得以住院治疗，工作一直没着落的弟弟也有了一份比较体面的工作。生活似乎向李芳打开了一扇希望之门，她也沉浸在自我价值实现了的喜悦之中。

可是，与谢东接触不到三个月，李芳就发现了问题：人家不止她一个女朋友。而当她提出合理的要求时，对方却这样说："愿意维持关系就不要多管闲事，那只是生意场上的逢场作戏。"

对谢东的恩惠，李芳报答不起，心存侥幸的她忍了。可忍辱负重等来的却是谢东的肆无忌惮，他竟然光明正大地把别的女孩子领回家过夜，谎称是雇佣的保姆。

那一刻，回旋在耳边的对方的甜言蜜语变成了笑话，李芳绝望了。可在别人的眼里，她又是一个多么让人羡慕的女人——母亲一直叮嘱自己要好好善待人家，千万不要做对不起人家的事，弟弟也一口一个"姐夫"地叫着。

李芳不止一次地反问自己："这样的恋爱有前景吗？可是，我有资格提出分手吗？"

在这个几乎什么都可以拿来交换的时代，难道爱情能免俗吗？

我倒觉得李芳的怨天尤人不值得同情，对她而言，这桩恋爱从一开始就注定会以悲剧收场。可她心里也有一个小算盘，只不过她把宝错压在了谢东的人品上。虽然在感情上受了伤，可是从现实的角度讲，李芳的这笔"生意"还是合算的。

我劝导李芳说："上帝大致是公平的，你不能指望一个能满足你物质的人再给你十足的安全感——当你把爱情与利益挂上钩的那一刻起，就注定了这个结果。这就是活生生的现实，不是言情小说里的情节。"

李芳跟我提出了一个很大众化的问题："女孩子怎样才能获得幸福？"

我给她做了一个假设：如果嫁给一个条件一般的追求者，你可能会获得幸福，因为，对方因自身存在的劣势会竭尽全力地弥补对你的"亏欠"——他会哄着你，宠着你，那样你是不是就能体验到满满的幸福呢？

李芳不置可否，问道："可是那样的话，我的家人呢？"

我笑而不答，她也旋即陷入了沉思。

当今社会，类似"李芳"的大有人在，她们乐观地相信鱼和熊掌可以兼得。这是因为，人都容易乐观地估计形势，还容易高估自己的能力。当年的那句惊天之语"宁愿坐在宝马车里哭，也不坐在自行车后面笑"，实际上是相信鱼和熊掌可以兼得。

当然，婚恋取决于个人的价值观，穿自己的鞋走自己的路，脚是否舒服只能自知——如果你选择了美，就别再顾及脚的感受了，这就是"制衡"。

幸福是一种感觉，但女孩子往往会发生幻觉。她们主观地认为物质决定上层建筑，没有物质基础，何谈幸福？这就是当今年轻人的思维模式。诚然，硬说没有物质基础的"蓬蒿婚姻"就是幸福未免有些矫情，但是切记，物质充其量只是幸福婚姻的一个必要条件。

那些忽略和亵渎心理的感受只是自欺欺人罢了，无论你是坐在宝马车里，还是坐在自行车上，你是否幸福，自己最清楚。

2. 洞洞裤与露脐衫——被感官激活的本能

小邱和小夏这对小夫妻可谓郎才女貌，两人结合时，朋友们都羡慕得不得了。可结婚不到一年，小夏发现小邱竟然劈腿自己的闺密——一个整天打扮得性感妖艳的美女小冬。

这事被小夏逮个正着后，她跟闺密有了一次正式谈话。

小夏：真没想到，一个是丈夫，一个是闺密……你让我以后怎么见人？你们又怎么面对朋友？

小冬：这事是我们不对。但是，你不了解小邱，从外表上去看，你们郎才女貌、天造地设，可是你们压根儿就不合适，也可以说，你们根本就不是一路人。

小夏：你有什么资格这么说，难道你们就般配吗？

小冬：恕我直言，你们一周有几次性生活？你能满足自己的男人吗？你在这方面是不是有点问题？

本应发火的小夏忽然沉默了。是的，她承认自己在这方面有洁癖，莫名其妙地排斥那事。小邱每次提出要求，她虽然不会拒绝，但总是应付着草草完事。她能觉察到小邱的不满，但她感觉性生活只是婚姻生活的点缀而已，不会影响大局，小邱会慢慢地适应并理解她的。

生活中的小夏俨然是一只高傲的白天鹅，严丝合缝、一丝不苟的职业装成了她出门的标配，即便回到家里，她也会维持一副凛然不可冒犯的样子。在她的价值观里，那些随随便便的女孩子简直是对女性声誉的亵渎。

这事的起因是，有一次，小冬约小邱和小夏两口子泡咖啡屋。穿着洞洞裤和露脐衫的小冬坐在小邱对面，她那白花花暴露的部位不断地刺激着小邱的感官，而小邱的英俊帅气也吸引着活力四射的小冬……

就这样，两个人鬼使神差地滚到了床上，且一发不可收拾。他们都承认这不是爱情，可谁也说不清到底为了什么。

小邱对小冬说："如果那天你不穿得这么性感，我还真不会动心。"

小冬回应道："以后只要跟你见面，我就穿这么暴露。"

回到心理学，谈谈小邱和小冬的出轨动机。

"相看两不厌"到底是什么意思？字面上理解，当然是彼此能够相互吸引。往深了说，为什么男人迷恋美女、女人喜欢帅哥呢？

"窈窕淑女，君子好逑。"雄性物种选择"良种"，是为了更好地繁育后代，这是本能。而为了促成结果，当然要激发双方的感官欲望，那就是外表了。

如果一方对另一方的长相不满意（男方注重相貌的居多），会找各种理由婉拒，实际上是没有从对方身上找到"性驱力"。没有性驱力的婚姻往往带有功利色彩，有待感情或亲情的快速培养——如若不然，就很难保证婚后生活的持续稳定。

在绝大多数"问题婚姻"中，很难回避性（切记，这里所说的性不单单指性爱，因为女汉子和伪娘都不算性感）的原因。由于性冷淡或其他性问题影响婚姻质量，甚至导致婚姻解体的不在少数。只不过，隐私问题不好示人，双方往往会拿其他理由遮掩。

在我经手的婚恋个案中，由性问题（主要是综合原因导致的性冷淡）引发夫妻矛盾的占相当大的比例，这足以说明性生活的重要性。

当今时代，漂亮成了女人随时携带的"万能通行证"。自然，她们也很会挖掘和利用这份天然资源，因为这的确是一条通向成功的"捷径"。

"女为悦己者容"是为了吸引异性的注意力，这里面也有占有的本能。男人的动物性更强，俗话说"英雄难过美人关"，血性男儿也会拜倒在美女的石榴裙下。我们不必挥舞道德大棒说三道四，因为这是人的一种本能。

在一个年轻人扎堆的地方，吸引与被吸引是一股暗流涌动的无尽动能。有些女孩子是为了利益，但有些女孩子则纯粹是为了刺激，男人在女孩子顾盼生姿的诱惑下情不自禁，女孩子则会顺水推舟地满足男人的欲望。

被欲望冲昏头脑的饮食男女肆无忌惮地挑战着伦理的底线，怎么办？我们要让女孩子穿得正正经经吗？要让那些生产洞洞裤、露脐衫的厂家关门吗？当然不能，更没必要。我们能做的只能是不断地提高自身修养，让"秀外慧中"成为自己的标签。

在短短的三十多年时间里，从男女一说话就脸红从而划定"楚河汉界"，一直到如今的"情人节"大行其道，婚前同居甚至一夜情流行，国人的性观念发生了颠覆性的改观，其进步

之快令人咋舌。当然，后果是婚姻"围城"的地动山摇，甚至坍塌。

"激情过后是平淡"，当一个人累了倦了，或许才能回归真实。黄梅戏《天仙配》里有一句唱词很经典："寒窑虽破能避风雨，夫妻恩爱苦也甜。"希望年轻人好好品味这句话，因为能否经营好婚姻真的要靠智慧。

3. 个性张扬下的婚姻实况——我的舒服我做主！

小张已经是一名一岁孩子的妈妈了，可最近忽然闹着要跟丈夫小袁离婚。消息传出，双方的亲朋好友都出面斡旋——大家都以为这个家庭发生了什么大事，还猜测说小袁出轨了。

可是，当了解了实情后，大家又都看不懂了，因为矛盾的起因竟是一条项链——小张过生日那天相中的一款翡翠项链，小袁没给买。

在小张看来，这是小袁对感情的极不尊重；而小袁则认为这条项链太贵，还不如多给孩子买点好的营养品实惠。于是，两人为此发生了争执，闹来闹去，谁也不愿意妥协。最终，小张提出离婚，并放话给小袁，能买得起这条项链的男人多得是，没必要在他这棵歪脖子树上吊死。

　　小袁问小张孩子怎么办，小张竟然说抓阄，谁抓着归谁，这样很公平。结果，小袁抓着了孩子，两人简单地平分了财产后办理了协议离婚手续。

　　半年后，小张与一名离异的私企老板结合，一年后为其生下一个女儿。老板坚决想要一个儿子，于是计划等女儿周岁后再要儿子。

　　而小张和小袁的孩子则一直由爷爷奶奶照料，小张三番五次地索要孩子的抚养权，但小袁很清楚她是虚张声势。

　　一年后，小袁再次与一名大自己三岁的女子结婚，婚后一年生下一个儿子，他们在双方父母的接济下艰辛度日。

　　第一次见到小张是在我的工作室，原因是纠结的她又想离婚——她感觉当老板的丈夫对自己不忠，离婚便宜了他，不离自己又左右不了形势。当她把两次婚姻的前后经过陈述完毕，我竟然无言以对。

　　咨询过程中，她也谈到了那条项链，我问她："为了一条可有可无的项链不顾及老人和孩子，真的值吗？"

　　小张对我的问题没做正面回答，但她的一番表白却透露了心迹："这是一个崇尚个性和尊重感觉的时代，舒服不舒服自己最清楚。我不想委屈自己，因为我还有大把的资本，禁得起挥霍。人生在世不就这么回事，追求幸福有错吗？我不想憋屈地过日子，更不能失去自我。"

　　大家认同这种观点吗？我估计大部分人会持反对意见，甚至觉得小张很疯狂。但一定也有不少人会表示理解甚至喝彩，因为在他们看来，失去自我还不如死了算了。

　　"只要自己过得好，休管他人痛苦否。"我发现，如今的一些年轻人真的不会顾及他人的感受。我曾接待过一名在校大学生，她竟然为了一部手机与父母翻脸了。

　　有些婚姻的失败，源于双方过高的期望值，其实，婚姻并不"高大上"，褪去华丽的外表，它就是普普通通的柴米油盐，甚至是孤独和无奈。能把客厅、厨房打扫得干干净净，能把普通的饭菜做得有滋有味，那就不错了。

　　说白了，婚姻就是一份合同，是两个人签订的生活"契约"，既然签了字就要认真履行，无论平坦还是坎坷，都要坚守。

　　那么，有没有开启幸福大门的金钥匙呢？

　　有！我可以负责任地给予回答。但是，它是什么？又在什么地方呢？其实，它不是什么"羊皮卷"，也用不着苦苦寻觅——这个屡试不爽的秘籍就是妥协。

　　或许，你还会怀疑：妥协不就是懦弱无能和服从的代名词，怎么成了金钥匙？

　　有必要说明一下，这里所说的"妥协"指的是非原则性让步——越过红线不行，明白了吧。有句话说得很有意味："在家庭的大事上我从不让步，可是我们家从来没有大事发生。"大家好好琢磨琢磨这句话。

在妥协这个问题上，我甚至把它与"伟大"画上了等号。如果你的一次妥协拯救了一个家庭，挽救了一个孩子，甚至为你赢得了一生的幸福，那么，世界上还有什么比这更值得赞美的呢？

如果你只知道张扬个性，不懂得妥协，轻易撕毁婚约，起码会毁了两代甚至三代人的幸福，权衡一下，孰轻孰重？如果你仍然断定自我与妥协没有可比性，那也只能把你划归到"自私小人"的行列了。

4. 在指尖飞舞的隐形杀手——手机

初三女生小雅电话求助我，开始我以为是她在学校发生了什么事或遇到了学习的问题，没承想，她竟然是为了拯救自己的家庭。在我的工作室里，小雅向我陈述了她的家庭状况，我竟然颇有同感。

小雅说，每次放学回家，她都会目睹同一个极其相似的场景：妈妈窝在沙发里目不转睛地看手机，爸爸坐在靠窗户的藤椅上目不转睛地看手机。电视机开着，但没人看。

小雅希望爸妈能陪陪自己，因为她有很多话需要跟他们说，可结果总让她失望。妈妈直接没耐心地让她找爸爸说去，而爸爸也只是勉强地应付几句——好像手机有股强大的磁力吸引着

他们，他们无暇顾及其他事情。

小雅先前认为"书中自有颜如玉"，可慢慢地她发现不是书中有，而是手机里有。

于是，回家后看到爸妈玩手机，她也躲进书房玩手机，于是她真的在手机里找到了很多"知音"。

发现孩子成绩大幅度下滑后，父母才慌了脚。一开始，他们站在一个战壕里批评小雅不学好，不上进，后来发展到相互指责、相互推卸责任，再后来就闹离婚了。

小雅感觉这个家朝不保夕，她也一直在纠结和自责是不是自己把这个家给弄乱了。于是，焦虑中的她想到了心理咨询。

孩子的行为很让我震惊和感动，于是我约谈了这对夫妻。小雅父母的问题，极具时代性和代表性：他们输给了手机。

妻子初中毕业在一家事业单位干临时工，她几乎没啥爱好，她说从结婚到现在自己几乎没有读过一本正儿八经的书，但她觉得手机里面有很多好玩的东西，如看段子、抢红包、购买廉价商品、与微信群里"志同道合"的人聊一些不咸不淡的话题。

她承认自己的生活已经离不开手机了，回到家就连做饭都忘不了看手机。有一次，她为了抢红包，让锅里的油烧着了，差点酿成火灾。她承认，若间隔五分钟不看手机就会焦虑不安，好像丢了魂一样。晚上她抱着手机入睡，早晨睁开眼睛的第一件事也是看手机。

而丈夫呢？他说开始也不是多喜欢玩手机，也知道里面的东西挺无聊，可回到家总是看到老婆在玩，本想交流几句，她总是爱答不理，于是自己也对交流失去了兴趣——要玩大家都玩吧。

慢慢地，他也养成了习惯，如果不看手机就感觉格外的空虚。看到孩子成绩下滑，他也反思过，但他觉得责任在老婆那里，如果一开始她不玩，或许这个家不会走到今天这个地步。

我问他们："从你们进门到现在已经快四十分钟了，可是你们并没看手机，这说明了什么？说明你们并不是离不开手机，而是觉得孩子的学习与手机相比，手机更重要。你们置孩子的感受于不顾，已经突破了做父母的底线……"

这个案例的结局还算不错，滑稽的是，我帮他们起草了一份《手机使用协议》，就像对待幼儿园小朋友一样，什么时间玩、玩多长时间、如果违反协议有什么惩罚措施等规定都十分详细。他们一家三口签了字，我是监督人。

这很好笑吧？但也实属无奈，我们的确被手机给俘虏了。

上帝造人时，一定是把嘴巴的作用设置成了最高档的。吃饭很重要，那是生存的需要；语言也很重要，因为人都需要交流。

古人把交流的最高境界形容为"促膝而谈"，这意味深长。但是，科技发展到今天，人与人交流的方式竟然被手机给转移到了"非语言"区，同在一个屋檐下的人竟然也感觉玩手机比说话好得多。可是，一个家不该死气沉沉，应该有说有笑。

"促膝谈心"的好处在于，彼此能观察到对方的肢体语言，

所以是一种坦诚布公的状态。手机就不一样了，谁知道对方在说"我爱你"时他的心在哪里。

而一个最不容忽视的问题是，家庭成员之间如果都把手机当成了"亲人"，即使没有移情，也说明彼此已经忽略了对方的存在。

"世界上最遥远的距离，不是你在天涯我在海角，而是我在你身边，你却在玩手机。"有一名小学生写了一篇题为《我的希望》的作文，开篇竟是：我多希望自己是一部手机，那样爸爸妈妈就会对我疼爱有加了……

手机的确给生活带来了极大的便利，但它是一把双刃剑，我们不能忽视它的"杀伤力"。由手机依赖成瘾导致的人情淡漠、夫妻关系紧张、孩子厌学等问题，已成为全社会关注的话题，希望大家引起注意。

5. 恋爱中的"面子工程"——孔雀屏效应

恋爱中，男女双方只把自己优秀的方面展示出来的现象，可以称为"孔雀屏效应"。

雄孔雀开屏，其实是向雌孔雀示爱，谁的屏漂亮，谁就有可能赢得雌孔雀的垂青，进而获得交配权，繁衍后代。

人非孔雀，但在恋爱中的示好行为却像极了孔雀。只不过，孔雀配对成功，交配生卵后就完事了，而恋爱中的"孔雀屏效应"却极易给婚后生活埋下隐患。

小健和小美大学毕业后任职于同一家公司，小美性感、活泼，深受男同事追捧；小健英俊多才，也有不少女同事暗恋。就像影视剧一样，他们两人一见钟情，拉开了恋爱的序幕。

小美天生爱美，名表、名包、进口化妆品必不可少，进进出出的也都是高档消费场所。而小健对小美也是有求必应，他似乎有花不完的钱。

小美认为小健的家庭非官即富，于是心安理得地品尝着恋爱的甜蜜。同时，小美对小健的要求同样不打折扣，她的美丽、温柔、善解人意让小健觉得她不是一个"金玉其外"的女孩子。

一来二去，两人很快同居了，并发展到了谈婚论嫁的阶段。可让小美始料未及的是，小健的家庭竟然是普通的工人阶层，父亲只是一家国企的老工人，每月工资不到四千元，而母亲只不过是一家物业公司的保洁员，工资只有两千多元。

原来，小健用来满足小美高档消费的钱竟是银行借款。得知真相后，小美的热情一落千丈，态度也来了个一百八十度大转弯——美丽温柔、善解人意的小美突然不见了，她指责小健不该对自己隐瞒事实。

而小健也是同样的失望，他本以为小美在了解实情后会对

自己的行为感激涕零，然而没有然而。

就这样，卸掉伪装的两人很快分道扬镳。从此，小健被同事戏称为"伪大款"，小美也顺理成章地成了"物质女孩"。

恋爱的目的，当然是为了占有彼此。为了在竞争中取得领先位置，追求的一方一定会把自己包装得"完美无瑕"；而被追的一方尽管处在主动位置，但也会尽量装得冰清玉洁，以赢得更多、更持久的吸引力。

都说恋爱中的男女智商最低，指的就是双方进入了"管状思维"状态——他们固执地认为自己看到的一切就是真实的，还会下意识地屏蔽掉所有不和谐的"理性声音"，徜徉在自我虚构的空中花园里。

隐瞒就是防御，恋爱中的男女就像冲对方释放了一个烟幕弹，当烟雾散去，他们都会惊呼："天哪，他（她）怎么不是原来的他（她）了？他（她）怎么变了？"他们彼此觉得男人粗鲁、女人狰狞，都认为对方欺骗了自己，实际上是自己欺骗了自己。

记住，穷不是缺点，也不丢人，嫌贫爱富的人其实最穷，因为他的物质和精神都不富裕。诚实是婚姻中最踏实的铁轨，它是确保幸福列车行驶安全的基础保障——一个人承认穷是一种很好的品质，因为他已经获得了进取的动力，是一只绩优股。

所以，还请年轻人收起华而不实的屏，把一个真实的自己展示给对方。婚姻真的靠缘分，靠"装"得来的婚姻很累，也不长久。

6. 被忽略的"丑石"——人品遭遇的尴尬

贾平凹写过一篇《丑石》，说原来人们一直瞧不上的一块儿丑石，最后发现竟然是宝贝——真是有眼不识金镶玉！

这里先谈谈如今婚恋中一个被忽略的元素——人品。

大龄剩女杨乐问事于我，问题既抽象又具体："我为什么找不到合适的人？"

我在一张白纸上写下了几个词：相貌、性格、人品、家庭、工作、事业，并让她按照自己的标准排一下序。她思忖了一会儿，把人品排在了第一位。

我对她说："这不是你真实意思的表达，你在撒谎。"

她的脸唰的一下红了，反问我怎么知道她撒谎，我说："很简单啊，如果你真的把人品放在第一位，不至于拖到现在还是光棍，也就不会向我寻找答案了。"

杨乐心有灵犀，很快明白了自己的问题。这个问题颇具代表性，有必要说道说道。

"你对婚姻有什么样的期待？"把这个问题随便抛给一个年轻人，相信百分百的回答是幸福。

如果你再问："选择什么样的人做配偶才会幸福呢？"估计一般人也能给出答案："人品好的人啊！"可现实呢？有多少人在选择对象时能把人品放在第一位？

看看杨乐的排序吧：相貌、事业、工作、家庭、性格、人品。这才是她的真实意思。于是，无数个"杨乐"成了"齐天大剩"，她们苦苦寻找答案：为什么就找不到一个合适的人？为什么比自己差很多的人都找到了如意郎君，自己却成了孤家寡人？

她们当然明白人品的重要性，但在选择对象时仍然会忽略它的位置。

多数失败的婚姻源于人品。有房吗？有车吗？有存款吗？家庭条件好吗？有自己的事业吗？如果都有，对方（一般是女方）一定会如获至宝，但是请注意了，这个看上去什么都有的男人有人品吗？

男人一开始或许很纯洁，但是当他什么都有了，女人也就不例外地有了。人是环境动物，当长期处在充满诱惑的环境里，能有几个人禁得住？

所以，当你选择了一个高富帅，那么理所当然地就应该承担对方劈腿的风险，因为会有女人源源不断地出现在他身边，她们可能会比你更年轻、更漂亮、更性感。如果你要求一个高富帅对你忠诚，就得看他的人品了。

回到杨乐那个问题：人能不能找到真正的幸福呢？

这谁也不敢打包票，但如果你把那六个词理性地排一下顺序，或许就能大大地提高幸福的概率。那就是，无论如何都要把人品牢牢地排在第一位，这很难，却是根本的根本。

婚姻是一场抉择，往往要求你在物质与幸福之间做一个选择。其实，幸福之门的钥匙就在我们每个人手里，幸福与否取决于你的价值观——一旦价值观偏了，幸福也就悬了。

回到文章的开头，如今的人品就像一块儿被人忽略的"丑石"。当一个人提出"人品能当饭吃？"这个问题时，正好说明他的人品有瑕疵。虽然每个人对幸福的定义不尽相同，但幸福的感觉是一样的——那就是洋溢在脸上的微笑。

如果你还存疑，不妨跟婚姻的失败者畅谈一次。

7. 陶醉在自己编织的梦里——他为什么不爱我？

小倩今年二十五岁，在一家事业单位上班，相貌姣好、家境富裕、工作理想的她一直在追求年轻有为的徐辉。两人若即若离地谈了近两年，按理说已经到了谈婚论嫁的时候，但徐辉最近忽然提出了分手。

如雷轰顶的小倩跑到徐辉的单位闹腾，扬言要揪出小三，并把"陈世美"的私事曝光于天下。

徐辉对小倩的无理取闹十分反感，明确表态不愿再与之来往。恼羞成怒的小倩服安眠药自杀未遂，苏醒后精神恍惚，被家人送到我的心理诊所就诊。

咨询中，小倩反复强调："我对他掏心掏肺，把自己全部都给了他，可是他为什么抛弃我？他有什么资格不爱我？如果要分手也应该由我提出来，他有什么理由提分手？"

小倩的问题其实很简单。表面上看，恋爱男女或一见钟情，或日久生情，给人的感觉都是为了一个"情"字。实际上，这只是恋爱的一条明线，而恋爱中还有一条暗线，那就是条件上的"门当户对"。

现实中，爱情很食人间烟火，绝不像言情小说里的阿哥阿妹们那么浪漫。比如，相貌、家庭背景、学历、事业、性格等，要差不多匹配才行。

这里面有较严格的制衡性和互补性，比如女孩子如果长得好，那么就能抵消其他的不足；如果长得不好，但碰巧生在富贵之家，那么也不愁白马王子找上门。最糟糕的是，你既不美也不富还自以为是，这就麻烦了。

男人就稍微有些余地了，只要你成功了，即使年长貌丑，讨一个如花似玉的姑娘并非不可以。在当今时代，爱情可以超越年龄的界限，一个花季少女爱上七旬富翁不足为怪。

那么，小倩的问题出在哪里了呢？

她相貌姣好、家境富裕、工作理想，似乎具备了叫板白马王子的所有条件。可她叫板的偏偏是一位炙手可热的青年才俊，他家境虽然一般，但绝对是一只绩优股，奇货可居。

问题是，徐辉需要的不是一个看上去完美无缺，但可能会颐指气使的女皇，而是一个温柔善良的可以掌控局面的贤妻。聪明的徐辉已经预判到了未来，于是很明智地选择了退出。但这让一直"自我感觉良好"的小倩感到不可思议。

一个强调物质，一个在乎精神，这就是他俩的分水岭。

徐辉面对婚恋时是理智的，因为他没有被物质层面的东西冲昏头脑。当然，小倩也可惜了，她本来是一个才貌俱佳的姑娘，却遇到了一名不需要互补项的男人，所以她的优势就荡然无存了。

丑小鸭被人抛弃似乎很正常，但白天鹅被人抛弃则肯定是个"意外"了。这就是小倩的病灶。

"要怪就怪你太优秀了！"听我说完这句话，小倩的眼睛忽然亮了起来。

我对她说："恋爱也有潜规则，那就是'错位配'法则，即三等女人配二等男人，二等女人配一等男人，一等女人找不到男人。所以，剩下的往往是三等男人和一等女人，但是一等女人是不可能配三等男人的。

"你的问题是，你是一等女人，你应该找一个超一流的男人，但徐辉充其量是二等男人，所以，或许从一开始你就选错了。

因为，你们之间没有互补性。"

小倩似懂非懂，她又问我那个被人们重复了无数遍的问题："怎样才能找到适合自己的男人？"

我说："按条件讲，你是一等女人，但应该主动地把自己降位于二等女人，那样你才可能找到一等男人。问题的关键是，人怎么会主动降低身价呢？这就是优秀女人大多单身的原因所在。

"如果你不依仗物质、外貌，把自己变成一个谦虚、低调的温情女孩，徐辉能离得开你吗？如果你只是想要一个言听计从的男仆，那么你就别指望他优秀，因为优秀的人不可能甘于俯首称臣。这也是哲学。"

回到开头强调的"门当户对"，它有两层含义，一是物质，二是精神。旧社会大地主家的少爷、小姐就属于物质层面的门当户对，他们的婚姻之所以基本稳定，皆源于三纲五常的社会大环境。

而如今的年轻人则期望物质、精神双丰收，可惜的是，大环境变了，两者很难兼得。别忘了婚姻是两个人的事，你在挑别人的同时，别人也在挑你。

"我没毛病，为什么听你的？"

"我也没毛病，为什么听你的？"

这种声音想必大家都不陌生。所以，双方最好都有缺点，那样才能形成互补机制。

实际上，金无足赤，人无完人。由此来看，相互制约的婚姻可能不浪漫，但能长久。

8. 压力与偏见——没有能力的爱何去何从？

小楠与小松可以说是一见钟情，他们在一次保险产品推介会上邂逅相遇，说了短短的几句话，小楠就对小松产生了好感，两人互留微信后开始正式交往了。

小楠是家里的掌上明珠，父母都是机关单位要员，颇有社会地位。小楠与小松正式交往了一段时间，感觉小松还不错，她就带他去见父母。

饭桌上，小楠父母问起小松的家庭情况，他吞吞吐吐不想正面回答。在小楠的再三追问下，他才说了自己的家事。原来，他家境一般，可以说捉襟见肘，技校毕业后，他就早早工作挣钱贴补家用了。

面对小松的身世，小楠的父母陷入了沉默。小松见势不妙，赶紧对他们表决心："我一定会好好对小楠，让她过上幸福的日子。"听完他的表白，小楠父母勉强笑了一下，但那比哭还难看。

好在小楠不是嫌贫爱富的孩子，得知实情后，她的态度并

没多少变化，两人依旧正常交往着。

父母旁敲侧击地一再提醒小楠，而她对父母的态度不屑一顾，她甚至感觉父母很俗气、很势利，同时更加感觉自己的爱情很伟大。直到那次自己过生日，她才对父母的提醒有所理解。

小楠生日前夕，小松声明将为她过一个别开生面的生日聚会，而小楠也早早地通知了自己的好友，准备庄严地公布与小松的关系。

生日当天，小楠一行人早早地来到预定的包间，非富即贵的好友们给小楠戴上了"生日帽"，大家把手机打开，准备录下小松别开生面的生日祝福。

包间门打开，小松身穿一套迷彩服出现在门口，只见他从兜里掏出一个老式信封，郑重其事地撕开端口取出两张信纸，然后清了清嗓子，大声朗读起来，内容是两人如何一见钟情、如何爱恋等。

等他读完情书，大家都在等下一个节目上场时，他却坐下来招呼大家吃饭喝酒。

"定情的钻戒呢？"好友们开始起哄。

"什么钻戒？"小松本想争辩，可一看小楠的表情，迅速改变了口吻，"哦，我本来订做了一枚钻戒，可是金店老板说我的设计太复杂，需要等几天才能做出来，小楠别担心啊。大家一定很期待钻戒的样子吧，我不会让你们失望的。"

事后，小楠依旧没说什么，但可难为坏了小松。他哪里有钱做钻戒？三四千元的工资早就"月光"了，但是，对着那么多人夸下了海口，现在怎么收场？

这时，小松多么希望小楠能理解他，可是小楠不表态，好像一直在默默等着那枚精心设计的定情之物。

小松不得已四下筹钱，可惜身边的朋友也都是月光族。走投无路的他竟然硬着头皮借钱借到了小楠一个朋友的头上，还要求人家给自己保密。然而，消息不胫而走，小楠得知后，默默地把一封手写信转交给了小松。

小松读完这封"分手信"，禁不住长舒了一口气，竟然有一种如释重负的轻松。那一瞬间，他忽然明白了很多道理：他很爱小楠，可是他有资格爱吗？没有。他越发感觉这像是一场梦。

小松很痛苦，但很快就恢复了理智，平静地接受了这个结果。

我们不能把"无情无义"的帽子扣在小楠的头上，虽然大家都希望她不是那种唯利是图的"物质女孩"，也希望她能对小松说出"我要的不是那枚戒指"，可是她并没那样做。是她不懂爱情吗？是，也不是。

在小楠身上，爱情并没有战胜世俗和偏见，我们只能说她的选择是现实的。

实际上，如果小松和小楠他俩真的结合了，也未必是一件好事。相反，小松的明智和小楠的"决绝"终止了一场喜剧，对人对己都是负责的。个中滋味，懂者自知。

爱情不是电影，也不是只靠吸吮露水就可以存活的蝉。那些"攀高枝"的婚姻能有多少是幸福的？认命固然有些消极，但务实绝对是婚姻生活的宝典。

9. 女权盛行的时代——被妻子推出家门的男人

随着文明的不断进步，女权主义开始抬头，原先固化的家庭模式开始解体，女人渐渐走上厅堂，当家主事。于是，淑女成了女汉子，男子汉成了伪娘，男人的家庭地位日渐衰微，丧失财权的他们只能私藏烟酒钱。

那么，男人真的能俯首称臣吗？

非也。"哪里有压迫，哪里就有反抗"，当男人的尊严逐渐变成一地鸡毛时，他们暗中策划的起义也就开始了。当然，这里所说的"起义"不是离婚，而是"曲线救家"。

吕女士找我求助，咨询的还是那个被大家说烂了的问题：丈夫出轨了。

于是，我给她搬出"显微镜"，一层层地追本溯源。

我：你明白丈夫出轨的原因吗？

吕：他就是一个花心男人，禁不住小狐狸的诱惑呗。

我：什么时候开始的？

吕：原先他一直很老实，自从他们部门来了个狐狸精……

我：你是怎么知道他有问题的，知道后做了些什么？

吕：纸里包不住火，这事哪能瞒得住人？虽然他死不承认，但是我不能轻易罢手。我找到那个狐狸精，可她竟然骂我胡搅蛮缠、不可理喻，于是我当场就打了她。结果，他不但不向着我，还一直偏袒着那个狐狸精，这不是吃里扒外吗？于是，我就提出了离婚。

我：现在你是不是有点后悔了？

吕：事后一想，毕竟没抓到现行，也不想让孩子失去一个家，可他却来劲了，现在倒一直催促我去办离婚手续。

我：在你们家，是不是你掌权？

吕：算是吧，我从小被父母娇惯，脾气不好改，但我没犯错误，反倒是他干出这种不要脸的事情来。

我：假如事情真的如你所讲，那么，你明白丈夫为什么移情于他人吗？

吕：听你的意思，是我太强势了？

我：单纯从心理学的角度分析，处在婚姻围城中的男女都有"离心力"——就像围着地球转的月亮，它为什么跑不掉呢？因为地球有强大的吸引力。

一个家庭中，男女双方互为吸引的主体，他（她）虽然都有跑的本能，但由于对方的吸引力足够强大，想跑也跑不了。

那么，这股强大的吸引力是什么？

女人一般会在这事上犯糊涂，她们主观地认为控制是拴住男人的有效办法，可她们不明白控制形不成"向心力"，反而会导致"离心力"的加剧。这就是作用力与反作用力在制衡。

吕：按你的说法，我应该不管不问，任由他发展？

我：男人出轨有两种动机，一是动欲，二是动情。动欲是临时起意，属于动物性行为，它不太带有感情色彩。而动情就不一样了，男女一旦动了情，事情就不那么简单了。如果非要选择，你会选择哪种？

吕：当然是第一种，但最好两种都没有。

我：都没有当然最好，也不是所有男人都符合这个规律。有的人就是人格低劣、变态，这种人没廉耻感，属于另类，不在我们讨论的范围。相信你丈夫也不至于是这种人吧？

吕：对，他不是那种不知廉耻的人，毕竟是部门领导嘛。这么一说，我身上也有很多问题，比如我从来不去考虑他的感受，他没有在我这里体验到做男人的尊严，我真的需要反思一下。

我：能认清自身的原因就有解决问题的希望，失败了懂得找原因，这是解决问题的前提。如果把所有责任都推到他人身上，失败也就成定局了。

当然，男人出轨也是多因一果，不能把账都算在女人的强势上面，但案例中吕女士的情况却屡见不鲜，值得大家反思。

我在经手过的婚恋关系案例中做过归类对比，但凡女权盛行的家庭中，男人的出轨率要比一般家庭高出数倍；而夫妻平等的家庭中，男女出轨的概率最小。所以，大家要三思。

10. 多重压力下的人性扭曲——家暴

老张今年四十有八，他最大的"爱好"就是喝酒打老婆。为此，老婆数次报警，片区的警察也数次光顾过这个支离破碎的家，居委会甚至还专门为他们成立了一个"调解委员会"。可老张依旧恶习难改，老婆有家难回，孩子战战兢兢，家庭随时面临解体的危险。

受片区居委会委托，我决定与老张谈谈。

坐在工作室里的老张一言不发，脸色涨红，像还未醒酒。他故作镇定地吸着烟，似乎对这次谈话不以为然。但我从他细微的肢体语言里读出了一些信息，感觉他像一个很不成熟的孩子，甚至有些腼腆。

我：老张，知道我的职业吧？

张：嘿嘿，听说你是心理医生，是给人看心病的医生。

我：你还真聪明，那么你知道今天见我的原因了。

张：知道，你是医生，我是病人，我是来看病的。

我：你知道自己得了什么病吗？

张：喝酒，打老婆。

我：哦，为什么？

张：日子一直过得憋屈，心里不痛快，胸口堵得慌——我没出息，老婆没出息，孩子也没出息。

我没文化，一直在物流公司干体力活，从早干到晚吃不好睡不好，年轻时还没觉得什么，可是年龄大了真的力不从心，可不干又有啥办法？老婆在物业上班，工资很低。我父母、她父母的身体都不好，需要大把的钱看病，孩子上学也需要钱，一家人还得指望我。

有一段时间，我白天干完活，晚上还要去建筑工地卸车挣钱。我知道自己喜欢喝两口，喝酒是为了解解乏，也可能是麻醉自己。你知道吗医生，每次回到家里，我多么希望她能给我炒两个菜，弄一壶酒，如果那样，再苦再累我也不会说啥。可是，每次回家都是听不完的唠叨、埋怨，本来就烦，于是很想打人……

我：你是不是已经对别人的劝导习以为常了？估计找你"算账"的人有不少吧？

张：居委会、派出所、七大姑八大姨的……可是，我根本就听不进去，不愿意听他们讲那些大道理，都是站着说话不腰疼的主。

我：听你这么一说，换我也会不痛快，可能也会骂人。我们都是男人，都是家里的顶梁柱，都遇到过困境，我能理解你的遭遇。

张：对吧，你说的话我爱听。

我：但我也必须指出来，喝点酒不是毛病，但打人就不对了，这样做对孩子的成长很不好。

……

通过那次谈话，老张还是喝酒，但收敛了不少，打老婆的毛病也改了不少。我对居委会的人讲，这不是结束，我们还要一起努力。

这个例子说明，重压下的人格一定会变形。比如，老张的人格发生变形，"罪魁祸首"不是酒，也不是他老婆，而是难以承受的生存压力。

所以说，凡有家暴行为的男人（女人占比例很小），一定是承受着巨大的生存压力。

我们都明白，"生存"和"生活"是两个截然不同的概念。对于仍然处在社会底层的民众而言，买房、育儿、养老、就医等这些最基本的生存也足以把他们压垮。如果只是谴责他们的鲁莽，而忽略了他们的生存背景，就真的有点站着说话不腰疼了。

当然，还有很多原因会导致家暴，比如文化认知水平低，人格缺陷，家庭关系复杂，甚至沾染了黄赌毒恶习，等等。重压是引发家暴的导火索，但对个别人格障碍患者，就需要专业机构的干预了。

四、亲子关系应用心理学：
亲情遭遇的大难题

亲子关系是人世间的第一层人际关系，对每个人来说都至关重要——它贯穿人的一生，复杂而漫长。这里主要谈谈父母与未成年子女的关系，这段关系决定着孩子能否健康地成长，对孩子性格的形成、人格的培养、意志的磨炼以及人际交往模式的建立等都会起到决定性作用。

目前，虽然独生子女家庭多，但随着"二孩潮"的到来，家庭关系势必会越来越复杂，而多因一果的"亲子关系趋紧"已经成为多数家庭的共识。心理咨询接诊案例中，与"亲子关系"相关的案例已占相当大的比例，我的工作室统计约占70%左右。

总之，亲子关系既复杂又关键，需要重点关注。

家长抱怨孩子，孩子怨恨家长，夫妻间因孩子的问题矛盾重重，给亲子关系蒙上了一层厚厚的阴霾。

家长反映说越来越看不懂孩子了，孩子"状告"父母不是不管，就是乱管。一场场不见硝烟的战争，在万家灯火中上演着。

1. 女童莹莹为什么尿床——"改造孩子"的后果

上幼儿园大班的莹莹总喜欢与小朋友打架，老师向家长反映这孩子脾气有些执拗，家长也明白自家宝宝身上的问题。于是，莹莹的父母与幼儿园老师共同制订了一项缜密的"改造计划"。

在"连环计"的威逼利诱下，莹莹的性格发生了很大的变化——她变乖了。

没承想好景不长，莹莹虽然性格温顺了不少，却又落下了一个尿床的毛病，床单每晚都潮乎乎的。

父母带着莹莹去医院做检查，查来查去也没查出啥问题，于是大夫建议去看心理医生。

亲子关系是一个错综复杂的大系统，孩子一落地就与父母建立了无法替代的特殊关系。通常而言，父母认为亲子关系就是孩子要适应家长，实际上是一种相互适应的关系。

亲子虽然同在一个屋檐下，但生活在两个世界里。这类似同一列火车上的两节车厢，一节装着过去，一节装着现在：它们看似同步，内容却大不相同。家长习惯按"同步思维"定义问题，于是往往会发生越俎代庖，甚至"关公战秦琼"的闹剧。

孩子的性格中有遗传因素，案例中莹莹的那种"执拗"，可能就是天生的。与生俱来的性格很难改变，有时候也没必要改变——如果硬把它看成问题，重新洗牌，很可能整出一个"四不像"来。莹莹的父母试图扭转莹莹的天性，结果是按下葫芦起来瓢。

行为的形成有"遗传论"和"习得论"两种说法。我们先不管孩子的行为源于哪种原因，家长育儿的第一课应该是"如何适应"，而不是改造。

有些家长可能会反驳：难道对孩子的不良性格要袖手旁观吗？

当然不是。我们都希望别人顺应自己的意志，但真正能实现的却极少。当然，孩子还是要修正的，但要讲科学方法——那就是"先跟后带"。

这里所说的"跟"指的是认同和关系的建立，"带"指的是影响后的带动。改变一个人基本是不可能的，但可以通过改变自己去影响别人。

这里讲一讲怎么改变莹莹的问题。

家长不妨先表扬莹莹的"勇敢"行为，让她感觉父母、老师跟自己站在一起，从而放下敌对和戒备的情绪；然后再寻找她打架的原因，跟她解释打架会造成的后果。

所以，莹莹尿床是被逼迫后的焦虑所致，而焦虑源于压力——父母和老师都想"改造"她。

这其实是一个取得对方信任的过程，孩子觉得你没逼迫他，讲得有道理，他就有可能慢慢地改变。

记住，建立关系既是前提也是重点，剩下的就成了纯技术问题——只要你掌握了几个技巧，改变孩子并不难。

2. 中学生娇娇的偏执为哪般——溺爱的后果

初二女生娇娇是在蜜罐里泡大的孩子，但她还算懂事，一直没让父母过多地操心过。可最近她出现了一些状况，让父母始料未及。

周末，父母领着娇娇逛珠宝店，她发现一款很漂亮的金手镯，把服务员喊过来说要买。妈妈一看价格不菲，有些犹豫。没想到，妈妈这几秒钟的犹豫让娇娇的脸色"晴转暴雨"，她一甩手就走了。

妈妈慌了神，赶紧往外追，可是娇娇已经打了出租车绝尘

而去。

父母追回了家，发现娇娇把自己反锁在小屋里不出来，任凭他们怎么解释，她就是不开门。

父母怕孩子出问题，于是搬来了爷爷奶奶、姥爷姥姥叫门。为此，妈妈也把那只金镯子买回来从门缝里塞了进去，可是娇娇立马给扔了出来。接着她绝食了一天，情急之下，父母求助于心理咨询师。

溺爱是个老生常谈的话题，谁都明白溺爱不好，可很多父母却依旧走不出这个"怪圈"。溺爱的直接后果，是导致孩子形成"自我中心"的偏执型人格。

这是一种很糟糕的人格特质，比如女孩子会把"公主病"当尊严，自己一不顺心就认为别人是在挑战自己的尊严，她们甚至会采取极端行为实施报复，逼迫对方就范。如果自己不能得逞，就感觉天塌下来了。

我很严肃地告诫娇娇的父母："如果你们真的希望孩子好，就不要再去'残害'孩子，正是你们的娇惯赋予了孩子偏执型人格，这无异于让孩子四面树敌！她的绝食多数是在维护自己可怜的'尊严'，却丝毫没有考虑你们的感受，如果让她再次得逞，才真是毁了孩子的前程。"

娇生惯养的孩子像温室里的小苗，一棵棵弱不禁风，"见光就死"。所以，要让孩子知道锅是铁打的。

3. 沙沙冷漠的根源在哪里——父母要懂得转换身份

　　沙沙的爸爸是一位机关单位领导，妈妈是一名中学教师。碰巧的是，夫妻二人具备同样的性格——古板。爸爸回到家一般不说话，而一开口就是大道理；妈妈一讲话就是学习、作业。

　　沙沙从小活泼开朗，可最近一段时间，家长发现她变了。

　　妈妈在孩子的日记里发现了这样一段话："我越来越觉得这个家像法庭，冷冰冰的没一点温度，我们彼此之间的关系像陌生人，冷漠得有点恐怖。"

　　于是，家长有点慌了。但他们躬身自省，也没觉察出什么错误，觉得可能是青春期的正常反应吧。直到发生了一件事，才促使沙沙的家长走进我的工作室。

　　那天，妈妈带沙沙逛街买东西，突然看见一辆汽车把一个骑三轮车的老人撞倒了，妈妈下意识地想过去帮忙，可沙沙竟然来了句："你活雷锋啊，多管闲事！"然后，她像没事人一样走了。

　　妈妈没想到孩子会变得如此不近人情，她很失望："这不像我们教育出来的孩子啊！"

人是有多重身份的，比如在下属面前你是领导，在妻子面前你是丈夫，在父母面前你是孩子，在孩子面前你又是家长。"人生如戏"，意思是要懂得转换自己的身份——回到家里，你就是爸爸妈妈、老公老婆，就得脱下那层社会的外衣，把人性和亲情还原回来。

思维和行为是有惯性的，"习惯成自然"，如果你不能及时反省，及时觉察，看似简单的身份转换也会很难。

沙沙的家长犯了"身份固化"的毛病：爸爸在单位是领导，习惯了发号施令，回到家里依旧延续此作风，甚至把孩子和老婆当下属。妈妈同样做得很不到位，回到家不能换掉老师的身份，而是拿孩子当学生，习惯用老师的口吻跟她讲话。

在这个刻板、死板的家里，父母营造了浓浓的"官场气氛"。在这个等级森严的屋檐下，孩子的温情被一点点地蚕食，所以心性冷漠是必然的结果。

那句冷冰冰的"多管闲事"，说明她的情感世界已经是一片荒漠，她未来的人生也很难说是平坦的。

长久这样下去，后果将不堪设想，家长千万要及时把家庭气氛改正过来。

4. 小刚为什么神经过敏——父母是孩子最好的榜样

小刚的爸爸是一名货车司机，妈妈在超市做收银员。在他的印象里，爸爸每次回家都是醉酒状态，不是训斥自己，就是跟妈妈吵架。

有一次，小刚实在看不下去就顶撞了爸爸几句，结果爸爸抄起拖把杆就打——如果不是他躲得及时，后果不堪设想。

"在家里我是老子，我的话就是圣旨！"这是小刚爸爸的家庭宣言。小刚也不断地跟妈妈抱怨爸爸喝酒打人这事，可妈妈只是无奈地唉声叹气。

而小刚妈妈找心理咨询师求助，则是因为小刚在学校把同学给打伤了，赔了不少医药费，在学校教导处写了检讨和保证书后才允许回了家。

妈妈感觉孩子的行为不可思议，她说小刚一向温顺、听话，像个女孩子，没承想会干出这种事来。

我问小刚："你在跟同学打架时是不是想到了爸爸？"

小刚愣了一下，问我怎么知道他的想法。

我说："其实，你打的不是同学，而是想惩罚你爸爸，对

不对？"

小刚低头不语，默认了我的推测。

你说，那个同学倒霉不倒霉！

榜样的力量不可低估，而父母就是孩子最好的榜样——家长不经意的一言一行都会被孩子效仿。

在家暴环境中长大的孩子，要么会胆小怕事，要么会暴戾乖张，这两种表现都是本能防御的自然反应，但无论是哪种结果，都极其糟糕。

有些人神经过敏，有点风吹草动就草木皆兵，像一只侥幸逃脱枪口的兔子，这都是防御过度的表现。而"防御过度"源自安全感的丧失。

生活中有这样一类人，他们特喜欢跟人争执，甚至会因为一点不起眼的小事争得面红耳赤。通常而言，人们会认为这类人内心强大，天不怕地不怕——实际上，他们的内心十分脆弱，甚至不堪一击。这就是心理学上所说的"仙人掌效应"。

所以，这类人也是反叛人格的基础人群。就像案例中的小刚，他就是因为一句不经意的玩笑，神经过敏，反应过度，把同学给打了。

5. 慧鹏是怎么变为"鸽派"的——"鹰派"父母的弊端

在初二学生慧鹏的眼里，爸爸就是个蛮不讲理的"法西斯"，他的衣食住行几乎都得听爸爸安排，甚至连一双篮球鞋的颜色都要由爸爸决定。

为了摆脱爸爸的束缚，慧鹏曾把希望寄托在妈妈身上，可生性柔弱的妈妈竟觉得爸爸的做法没啥不对，在一些关键问题上也总是站在爸爸一边。

有一次，爸爸许下承诺，如果慧鹏期末考试能进前五名，就买一双他盼望已久的耐克篮球鞋——可惜这次他的成绩是第七名，与第五名也就几分的差距。

慧鹏央求妈妈，希望她能游说爸爸网开一面，并下决心下次考试一定考进前五名。可爸爸不但没理会他的请求，反而对他冷嘲热讽了一番。

这件事对慧鹏的打击很大，他一直在纠结是否继续用功学习这个问题。矛盾中的他成绩开始飘忽，一个学期后竟然滑到了下游。妈妈发现不对头，决定与儿子谈一谈，没想到慧鹏把她拒之门外了。

于是，没辙的妈妈想到了心理咨询。

很多家长（农村地区居多）至今仍然抱着"老子就是天"的陈腐观念，要求孩子绝对服从。殊不知当今社会的变革已经天翻地覆，主流价值观都在向"个性解放"的方向发展，孩子的独立意识在空前增强。而"绝对服从"本质上不合理，更不科学，因为这基本上否定了孩子的独立人格，把家庭当成了部队或监狱。

我想起了五年前参加一个"亲子关系"工作坊时，老师给我们做的一个图例。老师先在投影仪上放了一张动态图，是一个小孩在不停地摇晃脑袋，然后问我们有什么感想。

我说这个孩子可能有孤独症（多动症），多数学员也认可我的推断。

可是，当老师把全图放出来时，我才知道我的推断是多么的片面，因为全图是一个孩子在联想打乒乓球。

这个例子说明，抛开事物的大背景，仅凭局部去下定义一定是片面的和错误的。孩子也一样，因为他们生长在社会里，而不是单纯的家庭里，如果单从家庭的角度看他们，往往也会得出片面的结论。

在这个信息爆炸、知识爆炸的时代，家长也要跟上潮流，不要被甩得太远。慧鹏的父母属于"鹰派"，与"鸽派"孩子出现矛盾也属正常。当然，我们没必要给谁扣帽子，需要考虑的重点是孩子——凡是利于孩子健康成长的"派系"思想，都值得认同和尊重。

6. 中学生健健的"恋母"倾向
——正三角形家庭格局的建立

健健的妈妈最近有了烦恼，她坐在我的工作室里犹犹豫豫，欲言又止。在我的再三询问下，她才向我反映了一个让她十分尴尬和困惑的问题。

健健今年上初二了，可仍然跟妈妈睡在一张床上。如今，十四五岁的孩子已基本成人，男女之间的事也应该明白一些了，可儿子竟然没有一点不好意思的反应。

为此，健健妈妈已经与丈夫分床多年，连性生活都偷偷摸摸的。丈夫一直抱怨她太惯着孩子，夫妻关系也弄得很是不和谐。

健健小的时候，妈妈并没感到什么，可是到他第二性征逐渐凸显时，她渐渐地感到有些不太对劲了。可是，她又不知道怎样跟儿子交流，本指望丈夫出面解决，可儿子一直与爸爸保持着较远的距离。

健健妈妈与丈夫的感情也不是很融洽，她担心这样会影响孩子未来的婚姻生活，甚至怀疑他的性取向有问题，因此想急切地找到解决办法。

　　家庭成员之间的关系应该呈一个正三角形，即父、母和子女三者之间应该保持对等的感情距离。而现实状况是，很多家庭的孩子"亲母疏父"，或"亲父疏母"，甚至"父、母、子皆疏远"。也就是说，如果这个正三角形变成锐角或钝角三角形，亲子关系就不正常了。

　　健健妈妈从小就对孩子特别用心，捧在手里怕摔了，含在嘴里怕化了。健健一直到七岁才断奶，断奶后还要摸着妈妈的乳房才能入睡。而让健健妈妈觉得不可思议的是，她自己竟然也很享受与儿子的亲密关系。

　　那么，孩子与父母关系过密有什么不好吗？这要从孩子的人格成长角度来分析。

　　孩子像一棵茁壮成长的小树，需要各种养分的供给。发展心理学强调，孩子成长最关键的营养就是"安全感"，没有安全感参与的孩子，注定会长成"歪瓜裂枣"。

　　对孩子的成长而言，父母共同赋予的爱才是最好的"复合肥"。父亲的坚强和母亲的温柔，二者缺一不可，这就是"阴阳平衡"的大道。如果孩子与父亲疏离，而与母亲过于亲密，就会让他失去阳刚之气，变得婆婆妈妈、优柔寡断。反之，则会让孩子过于坚硬，缺乏柔性，成为一个少有温情的莽汉。

　　我对健健妈妈讲："问题的核心不是孩子依赖你，而是你在依赖孩子。这里有一个关键，就是你与丈夫的关系——如果不改善夫妻关系，你们的母子关系也不会得到理想的解决。"

综上来看，所有出现问题的亲子关系，无一不是打破了"等边三角形"家庭格局。如果是单亲家庭，或是失去父母的孤儿家庭呢，我们能想象到那是什么形状吗？

请大家牢记这个"等边三角形"，它很重要！

7. 多愁善感的中学生小强——离异家庭对孩子的影响

张女士与丈夫离婚已经十年了，当初年幼的儿子小强由自己抚养。凭着一股不服输的韧劲儿，张女士把孩子拉扯成人，但她好不容易盼到儿子上了中学，却发现他的心理出问题了。

小强的话很少，看上去心事重重，像背着一个沉重的包袱。

老师反映小强从来不主动提问题，对老师的提问也不作答。同学们都不明白这个整日沉默不语的小强葫芦里卖的是什么药，于是给他起了一个"葫芦娃"的绰号。

多愁善感的小强很像林黛玉，经常会莫名其妙地偷偷流泪，尤其是学校组织的以家庭为单位的活动，他从来不告诉妈妈，也一直称病不参加。后来，老师知道了他的家庭情况，也就不再勉强他了。

张女士对我说，她儿子很自卑，甚至有点自暴自弃，她很

后悔当初的选择，可是现在说什么都晚了。

如今，离婚已不再是什么新鲜事，但孩子很难理解大人的世界，所以都在被动地吞食着苦果。

生活在一个崇尚自由和个性的时代，婚姻这件看似严肃的事却在有些人那里像儿戏。

我们不妄议年轻人的婚恋观，但要关注那些离异家庭的孩子，他们的未来肯定会受到影响。

家庭破裂本无多少社会意义，大不了从头再来。可从那一刻开始，孩子就成了迷失方向的独行者，他们忍受着恐惧和孤独对心灵的蚕食，一步步走向未知的前方。

那么，社会的进步难道非要以家庭解体为代价吗？

这很难说。但是，婚姻是责任，而不是享受。在准备步入婚姻殿堂时，我们一定要在心里对自己默默许诺："为了自己的幸福，为了爱人的幸福，为了孩子的未来，我们要一生相爱。"

如果你没有这个领悟和决心，干脆就别谈婚姻这事——因为你还没资格。

8. 陪伴是最好的关爱——留守儿童问题

我曾到城乡接合部的部分社区就"留守儿童问题"做过调查，结果让人吃惊：在很多地方，隔辈看管留守儿童的现象竟有那么多。

据社区工作人员讲，如今年轻人都去打工或创业了，谁还有精力抚养孩子？换句话说，不挣钱又怎么养活孩子？于是，"隔辈抚养"（其实就是看管）的问题逐渐凸显了出来。

那么，隔辈看管有什么弊端吗？怎样避免由此形成的诸多问题呢？

孩子与父辈之间会出现代沟，而与祖辈的代沟就更加明显了。祖辈的育儿观念与当今时代存在很大的差异，而溺爱是"隔辈亲"的主要体现形式。

在祖辈溺爱下成长的孩子，会形成很大的"心理真空"，他们一方面享受着祖辈无原则的宠溺，一方面又承受着父爱、母爱缺失带来的失落。

但是，祖辈的爱替代不了父辈的爱，孩子最理想的成长环境是有父母共同参与的家庭环境。

由祖辈人帮忙照看一下孩子不是不可以，很多家庭也都是这种"同养"的模式。

然而，大部分祖辈人文化水平有限，甚至迷信杂七杂八的东西，比如喜欢拿鬼神吓唬不听话的孩子，这对孩子的成长当然不利了。

关键问题是，父母长期缺席会导致孩子形成疏离感，既然关系都疏远了，还谈何教育？所以，还是希望父母尽量抽时间陪陪孩子，要让孩子感觉到你们的存在——不然，你们欠下的这笔"债"花多少钱都还不清。

"亲子问题"已经给家庭教育发出了警告，大家理应形成共识，科学应对，因为这涉及孩子的健康成长。

家长要反思、反省自己的亲子关系是否健康、正常，如果有问题，也不要回避，而要找到原因，并及时予以纠正，切忌留下隐患。

孩子是复印件，家长则是原件。孩子是白纸，笔则在家长手里。所以，家长们，你们知道该怎么做了吧？

五、人格障碍和人际关系应用心理学：桎梏成长的精神枷锁

我们表扬一个人或贬损一个人时，往往会说这人"人格高尚"，或这人"人格低劣"。"人格"这个词大家并不陌生，但谈到"人格障碍"，恐怕能知表知里的就寥寥无几了。

人格障碍已成为影响大众心理健康的问题之一，知之为克之，知彼知己，方能有效预防、治疗。

先看一下人格的概念。

通俗地讲，人格是一种比较固定的思维和行为模式，就是说某个人习惯性地怎么想，习惯性地怎么做。比如，有的人喜欢当众表演，是大家俗称的"人来疯"；而有的人喜欢独处，不合群。

人格基本上由遗传决定，是个人先天素质及后天发育、习

得等有机结合形成的总体精神活动（思维、情感和行为）模式。人格特征可在社会活动、人际关系中表现出来，也可在生活实践中塑造和发展。

比如，温和或急躁，敏捷或迟缓，诚实或虚伪，热情或冷漠，信任或多疑，顺从或好斗，严厉或宽容，自尊或自卑，勤奋或懒惰，认真或马虎，有责任感或放任，保守或激进，务实或空谈，松弛或紧张，孤独或合群等，这些行为习惯在个人成长中也都可能发生变化。

在少儿期，家庭因素对人格的形成至关重要，可以说起着决定性作用。所以，大家都说"人格培养要从娃娃抓起"。

那么，什么是人格障碍呢？

人生在世，且容身于社会，其思维和行为大致会有一个"常模"（常规模式），即大多数人都会按着一个比较统一的规则去想、去做。比如，生了孩子，抓到彩票，一般人都会很高兴；而闯了红灯被交警罚款，一般人都会沮丧。这都属于正常反应。

但如果某个人不这样想，不这样做，就超出了"常模"，那么就要考虑他的人格（思维和行为）是否出现了障碍。

简单来理解，障碍就是"跟正常人不一样"。人格障碍患者（其实，"患者"这个说法不恰当）首先自己会很痛苦，同时也会带给别人痛苦，甚至能给家庭、给社会带来许多不安定的因素。

人格异常妨碍了当事者的情感和意志活动，破坏了其行为的目的性和统一性，尤其在待人接物方面表现得尤为突出。它通常始于童年、青少年或成年早期，并可能会一直持续到成年，乃至终生。

部分人格障碍患者在成年后会有所缓和，当然这取决于个人的悟性、环境以及受教育程度。

1. 被公司炒了鱿鱼的"犟货"秦浩——偏执型人格障碍

大学毕业后，秦浩已经工作三年了。小伙子看上去文质彬彬、举止有节，可是他一直消极颓废得像个小老头——他的精神状态与年龄很不相符。

经查，得出的结果是：他怀疑有人在背后打自己的小报告，甚至认定有几个竞争对手（同事）在背后搞小动作，目的就是为了把自己搞垮。

基于这种思想，他甚至偷偷地在同事的办公室里安装了窃听器，还故意疏远那些一起进公司的同事，感觉他们都心怀鬼胎。

最可怕的是，他已经列好了一份报复名单，发誓有朝一日一定要把那几个人搞垮。

秦浩虽然进行了殚精竭虑的侦查，但并没有找到可靠的证据，而他的疑心并未消泯，反而更加确信同事们早有预谋，只

不过是提前把风险给规避了。

就这样，秦浩在公司里越来越孤立，同事都反映他这个人神神叨叨、不可理喻。最终，因为业绩平平，始终不见起色，他被公司辞退了。老总对他的评价是：很有能力，挺有发展前景，可惜性格太糟糕。

后来，秦浩竟然加入了一个传销团伙，据说他在里面找到了久违的成就感，事发后被警察强行遣返回家，可依旧蠢蠢欲动，筹划东山再起。他的家人痛心疾首，却无能为力。

民间常称固执的人为"犟货"，心理学上称这种人格为"偏执型人格"（一说多疑型人格），就像案例中的秦浩一样。

这种人格特征的表现是，他们一旦认准了一件事，十头牛也拉不回来，亲人、朋友甚至专家的话，对他一概不起作用。他们怀疑一切，认为周围的人都跟自己过不去，亲人也不例外。

这种人格障碍若得不到有效矫正，极有可能发展成精神障碍，比如会出现幻觉（最容易出现的是幻听），那就不是单纯的心理问题了。很多精神分裂症患者存在先天性人格障碍，但能提前、主动就医（找心理咨询师）的少之又少。

那么，偏执型人格有没有转变的可能呢？

这是一大难题。俗话说得好，"江山易改，本性难移"，人格一旦成型，很难被撼动，因为当事者已经形成了独有的"价值评估体系"，且有极强的排他性，想要改变真的很难。

人们常说，变通变通。对于那些尚未完全固化的偏执型人格（人格形成的初期）来说，一定不能钻牛角尖，甚至自寻死路，而要不断地提高自省能力，能意识到自己偏离了正常轨道，并尽可能在早期积极治疗，有所转变。

对此，一般可以采取两种方式予以矫正。

一是"对质"，用正确的观点驳斥对方不切实际的观点，用实际效果证明其行为的荒诞不经。比如，你怀疑张三诬陷你，一年过去了，你不仍然毫发无损吗？即使他真的诬陷你，也说明他还不具备诬陷你的能力，你担心什么呢？

二是催眠治疗，深入患者潜意识，解构其原有的逻辑系统。首先，要找到形成人格障碍的本源因素（忽略遗传因素，通常认为人格的形成也有因果关系），纠正本源的错误认知。

比如，在某个时期，你曾斩钉截铁地认为妻子与某人有染，可如今你的妻子依然对你不离不弃，那么，你的逻辑系统是不是应该调整了？

催眠治疗要比单纯的说理有效，但需要专业催眠师操作，且是一个长期治疗的过程，双方都必须有耐心。

2. 不合群的女大学生叶敏——分裂型人格障碍

叶敏是一名大二女生，寝室的其他同学都反映她脾气有些古怪，因为她不轻易跟同学交流，心里好像藏着很多秘密。

有一次，班级组织联谊活动，同学们都鼓励叶敏参加。叶敏勉强到了现场，但活动刚开始她就匆匆离场了。

室友们感觉气氛不对，跟出去找人，却发现叶敏一个人坐在湖边发呆。大家问她为什么不辞而别，她默不作声，只是吧嗒吧嗒地掉眼泪。

室友们都说，叶敏好像只生活在自己的世界里。

最让大家感觉不可思议的是，同学岳芳在湖边捡回一只可爱的流浪猫，大家都很喜欢，商量着轮流喂养它。可叶敏拒绝了——她说猫身上有很多细菌，很容易传染疾病，看着就讨厌。她还因为这事公开诋毁寝室长小甄，甚至扬言要把小猫扔下楼摔死。

叶敏的问题比较典型，她是现实中的"别林科夫"（契诃夫笔下那个"装在套子里的人"），她主动封闭自己与社会隔离。

这类人的人格特征就是自闭和冷漠。但是，回溯他们的成长史，就能找到很多对应的因素。他们都有一个很糟糕的成长环境，一般是在惊恐中长大的，也就是心灵受过伤害，属于典型的"分裂型人格障碍"。

这里讲的分裂，不是精神分裂症中的分裂。而分裂型人格，主要指个人的意识、行为很另类。比如，相信自己有特异功能，能透视别人的想法等。

这类人还会故意或无意识地把自己打扮得与众不同，让人猜不出他们的动机和目的，而自己却自以为是地认为这是艺术范儿。他们说话往往是头上一句，脚上一句，该简不简，该繁不繁，让人摸不到头绪。而他们最主要的特征，还是像案例中叶敏的表现一样：自闭、冷漠。

分裂型人格通常与社会严重脱离，像"苦行僧"一样。

针对叶敏的情况，我与她的室友制订了一个"春雷计划"。我动员全寝室的同学都参与到这次行动中，鼓励大家奉献爱心，把叶敏从悬崖边上拉回来。

我的计划分三步：陪伴——介入——修正。这也是心理治疗的一般套路。

由于室友轮流陪伴叶敏，她不再感到孤单和被边缘化，而等她们建立起较亲密的关系后，再尝试走进她的内心世界，分担她的痛苦，可以让她找到心灵的慰藉。

我在治疗中得知，叶敏的家庭环境极端糟糕。她八岁时，

妈妈因无法忍受爸爸的家暴而自杀，爸爸也被判了 15 年有期徒刑。此后，她一直被寄养在老家，而爷爷奶奶也有些重男轻女，一直认为她妈妈是祸水，所以对她也不怎么好。

这样的成长环境可想而知。好在叶敏很聪明，凭自己的努力考上了大学，脱离了那个糟糕的环境，但她那心灵的伤口很难自动愈合。

经过一段时间的综合治理，叶敏的状态有了明显的好转。

3. 在工作中迷失方向的李康——人格特质的匹配规律

李康近来感觉迷失了方向，用他自己的话说就是："有点不认识自己了，工作、生活一塌糊涂。"他说自己也在努力查找原因，可始终没找到让自己信服的答案，于是找心理师咨询："我到底怎么了？"

心理咨询师只问了他一个很普通的问题："你了解自己吗？"

他忽然愣住了。

心理咨询师首先给他做了一个简单的 EPQ（艾森克人格测试），让他对照行为给自己做一个初级人格定位。

做完测试，李康恍然大悟。他是很典型的多血质人格，但从事的是一份"忧郁质"的工作——就是一个活泼、善交际的人做着一份刻板的工作。说到底，他的人格特质与工作性质一直拧巴着。

俗话说："男怕选错行，女怕嫁错郎。"一个人所从事的工作，大致应该与自身的人格特质相匹配。这话说起来简单，而现实中绝大部分人会为了生存的需要干一份自己并不喜欢的工作。于是，大家虽然一直在努力，但就是成绩平平。

"适应"是个大话题。虽然一个人的适应能力也能决定工作效率，但人格特质是根深蒂固的，表面的适应往往预示着心灵上的伤痕累累。

我们都希望做自己喜欢的工作，也希望能把不喜欢的变成喜欢的，但科学就是科学，规律更是难以改变。所以，年轻人在找工作时，一定要先弄明白自己的人格特质，尽可能找一份与自己匹配的工作。

找婚姻伴侣更关键，但基本上与找工作相反，因为婚姻讲求的是"性格互补"，双方都内向或外向不一定好。

人无完人，但好的人格特征可以作为人生"坐标"，以此为方向，不断地努力和升华自己。

健康人格在一定程度上是个人选择的结果，所以，家庭、学校、社会应针对青少年的不同特征和实际情况，引导他们参照健康人格模式，积极主动、独立自主地选择并确立适合自己的人格模式，通过不断地自我塑造及社会培养，实现华丽的"凤

凰涅槃"。

年轻人一定要注重自我人格的培养和完善，在认知、毅力和科学的基础上，还要具备开放的态度、较强的适应力和应变力，要有爱心和同情心，不迷信权威，敢于接受新事物，通过不断地学习充实自己的头脑，最终构建一种面向未来、前瞻且务实的人生态度。

4. 总是与同事发生冲突的祥子——冲动型人格障碍

祥子又跟同事动手了，原因竟然是为了豆大的一句话，而且同事说的压根儿就不是他，可他的虎劲儿上来后，一拳把同事的嘴打破了。

在单位，祥子不止一次与同事发生类似的冲突了，为此，同事在背后给他起了一个颇具形象的绰号——"筒子"。

最严重的一次打架还惊动了派出所，民警来到后，对祥子打人的动机觉得匪夷所思：这个人的脑子是不是有毛病？

领导三番五次地找祥子谈话，并严肃告诫他如果再不改正，就要受到处分。可祥子对领导的警告，包括亲朋好友的规劝置若罔闻，依旧像一只狼，随时会发出攻击。

为此，结婚不到两年的妻子毅然决然地提出离婚，娘家人也多次找上门来，两家关系被弄得剑拔弩张。

祥子的行为属于典型的冲动型人格障碍。这是"胆汁质"气质类型，其成因同其他人格障碍一样，与遗传、成长环境、认知水平及后天形成的价值观等都有关系。此外，这类人格障碍者一般都酗酒、嗜赌。

这种人格障碍属于"祸端人群"，最应该引起公众关注。因为，其他人格人群的攻击行为尚有一个发酵的过程，而这种人格障碍的攻击行为说来就来。

人们常说"冲动是魔鬼"，冲动型人格障碍者是被情绪降服的奴隶，事后他们也会后悔，但自己却无力对抗情绪的指使。

所以，如果你的身边尤其是亲人中有这种人，一定要劝其尽早就诊心理咨询师，戒酒瘾、戒赌瘾。

虽然人格重塑很难，但早干预总比惹出祸端再干预要好得多。

5. "我型我秀"的紫竹女士——表演型人格障碍

紫竹女士今年四十三岁了，每天打扮得花枝招展，香喷喷的，而她最大的爱好就是唱歌跳舞。于是，每当单位搞文艺活

动她都会积极参与，并乐此不疲地给大家出谋划策。演节目更是一马当先，每次都会报三四个，一旦发现别人有说辞，就会立马甩脸子给人看。

紫竹女士穿衣服也是丝毫不马虎，面料、款式、颜色搭配，甚至什么样的服装搭配什么样的发型都有讲究，而且逢人会问："我这衣服咋样？"

对方如果赞扬的话，她会立马高兴地在人家面前转上几圈。但对方如果回答不好的话，她会立马追问："怎么了？什么地方不对劲吗？"直到你说很好，她才肯罢休。

紫竹女士对工作很认真，甚至到了刻板的地步，但她特喜欢领导和同事的表扬，也喜欢挑别人的毛病。只要她觉得自己的成绩没得到领导的肯定，一定会追着领导要说法。但对别人的工作，她总是挑三拣四，好像别人做任何事都不能达到她的要求。

自己永远出类拔萃，这就是紫竹女士的个人信条。她喜欢当面锣对面鼓，但很少在背后说人坏话，她热情奔放、乐于助人，工作兢兢业业，这些都是好的品质——但是，她"唯我独尊"的毛病也的确不招人待见。

其实，这就是表演型人格的特征。

表演型人格障碍对他人、对公司无大害，个体也往往会沉浸在自我满足的个人世界里，应该说相安无事，各得其所。但这种人格所表现出的过度"自我中心"，往往会让"剧情"出现反转。

当事者一旦认为遭到了不公平对待时，他就会委屈、难过，主观地认为这是别人故意跟自己过不去，甚至会转化成外显性的攻击行为，比如夸大其词地直面贬损对方，或利用手机、网络等对假想敌发动人身攻击，不达目的誓不罢休。

在所有已知的人格障碍中，表演型人格障碍是最难被"撼动"的一种。

我曾与一位"特征大姐"交流过，她说别人看不惯她那是羡慕嫉妒恨，而她各方面做得都很优秀，很有成就感，"我就是走自己的路，坚决不与那些低品位的人同流合污。"看吧，还没等我施加影响呢，她已经开始对我进行"反制"了。

但是，表演型人格障碍者也会经常沉浸在郁闷中，因为实际上他们是处在一个被孤立的境地。他们的婚姻尤其更容易出问题，因为他们的"完美主义"很难让对方适应。

不难发现，很多演艺界的明星都具备这种人格特征，他们或许会在事业上蒸蒸日上，但他们的"精神洁癖"往往会把自己的生活弄得一团糟。

说表演型人格是一种障碍还是有点牵强，毕竟每个人都有自己的价值观和生活模式。但需要提醒大家的是，"严以律己，宽以待人"才能彰显大气的品质，才能维系良好的人际关系。

6. 升职失败的彭帅——理想化人格障碍

彭帅看上去一脸的失望，跟我谈话时使用频率最高的一句话是："他们怎么能这样？"

彭帅参加工作有三年了，小伙子做事认真干练，很受领导的赏识，这也让他信心十足，踌躇满志。他计划在三年内晋升为科长，五到六年内晋升为副局级干部。为此，他还给自己制订了一张"晋升时间表"，并严格按时间表行事。

可现实让他越来越迷茫，三年马上要过去了，他连副科级都不是，前景也是一片黯淡。于是，他陷入了深深的失望和郁闷之中：

"我比他们做得都好！"

"我已经尽力了。"

"领导真是瞎了眼。"

"同事们也一个个都是势利眼。"

"他们怎么能这样？"

我问彭帅："你制订时间表时，是不是没想到今天这个结果？"

他回答："根本就没往那儿想，因为我权衡了一切，根本就没障碍。"

我说："这就是你感到失望和不解的原因。先不说这是一个变化着的世界，充满变数和未知，而所有的成功无一例外是综合性结果，一因一果的事情根本就不存在。更何况，你敢对三年来的表现打一百分吗？"

说实话，像彭帅这样的年轻人不在少数，他们满腔热忱地步入社会，用一双"婴儿般的眼睛"扫视着美丽的世界，天真地认为只要付出，就能得到对等的回报——他们信心满满地等待着一个丰收的季节，没承想等来的是满目萧瑟的灾年。

理想化人格障碍的特点，说白了就是"臆想"和"不务实"。"人之初，性本善"，起初，人们都会把这个世界想象得无比美好，但现实往往是一盆一盆当头泼下的凉水。在不期而遇的残酷面前，单纯、善良的理想往往会成为被戏弄和把玩的噱头。

从儿时的单纯到成年后的世故，是一个人的自然进化过程。

其实，每个人的心里都有一个空中花园，都希望这个世界是公平公正、美好的，可当一支支明枪暗箭把我们打击得遍体鳞伤时，曾经的梦想就会像肥皂泡一样相继破灭。于是，人们学会了防御和妥协，学会了"看人下菜碟"和"事不关己，高高挂起"。

长大了意味着成熟，也标志着退化了。

理想型人格有着一份儿时的纯真，这一点值得尊重。同时，理想化人格也会患上"营养不良"症——这里所说的营养，指

的是必要的社会经验和适应能力。

社会一直很复杂，理想与现实的差距永远会超乎你的想象。但人总要长大，所以，刚刚踏入社会踌躇满志的年轻人，都要做好充分的思想准备，不是准备迎接成功，而是准备迎接随时会降临的失败——没有心理准备的失败一定是沉重的打击，一定会影响进取的信心。

人生其实就是一个寻找平衡的过程，这个平衡点就是八卦图中阴阳鱼的眼睛。

谁都不希望自己变成一个圆滑世故、没有棱角的俗人，更鲜有出家人的超脱，但"适者生存""峣峣者易折"，圆滑世故也可以理解为成熟的标志。

我们完全可以把"圆滑"和"变通"看成是一种能力，把"妥协"等同于"大度"。

当然，作为一个品德高尚的人，必须保持"不忘初心"的清醒认识，无论世间多么污浊，我们最终追求的还是美好的心灵花园。

能把俗气过成清雅，那才是境界。把握好这个度，是我们一生的功课。

7. 大脑里有两个"我"的张娟——双重人格障碍

张娟坐在我对面若有所思，她找我咨询的原因是：最近，在她身上发生了很多奇怪的事情。

比如，有一次，她竟然莫名其妙地走进经理办公室，说了一些话后又出来了。事后，经理把她叫到办公室，问她为什么说那些话，到底什么意思，她却怎么也回忆不起当时的情况了。

经理感觉张娟怪怪的，叮嘱她去医院查查。

还有一次更奇怪，也是事后老公对张娟讲的：张娟从饭店吃完饭出来，竟然径直上了一辆陌生人的车，那名司机当时很惊慌，问她是不是上错车了，但她只是催促司机快点开车。司机惊慌失措地跑下车呼救，直到老公把张娟拉回自己的车里，她才清醒过来。当时她并未喝酒，这让老公很担心，于是带她去医院神经内科做了检查，结果一切正常。

张娟说自己的身体里好像有两个自己，一会儿这个出来主事，一会儿那个出来发言，自己也不知道应该听谁的。她们（指躲在大脑里的两个我）所做的事，事后自己也回忆不起具体的细节，这让她既害怕又痛苦，担心自己会做出更加愚蠢的事情。

神经内科大夫建议张娟找心理医生看看，确诊一下心理是

否有问题。

看完张娟的故事，我们会联想到"分裂"两个字——不错，她属于双重（也称多重）人格障碍，但不是精神分裂症。

其实，我们心里（潜意识）都住着几个"小我"，他们会轮流出来给主人出难题，时不时骚扰一下你的正常生活。

这就好比一个单位里有很多强势的副手，一般情况下，最高领导会严格控制着那些副手，也会在很短的时间内统一大家的意见。可是，当最高领导出现焦虑症状，比如他的安全感陡然下降，那些副手就会趁机出来发表自己的观点，七嘴八舌地各抒己见，搅得他无所适从，拿不定主意。

如果只是偶尔的争执不下，那还算不上障碍，毕竟谁都有拿不定主意的时候。但如果是像案例中的张娟一样，那就另当别论了。因为，她已经表现出了实质性行为，若再不调整，很有可能酿成更大的事端。

双重性人格障碍的诊断比较复杂，因为它通常具备一些精神分裂症的表象，比如当事人会出现幻听，甚至幻视的症状，这都是诊断精神分裂症的必要条件。

在此强调一点，双重人格障碍虽然不是精神疾病，但属于精神疾病"素质"人群（即精神疾病易患人群）。它与个体早年所经历的创伤性事件有直接关联，比如幼年丧父或丧母，遭受过性侵，经历过大灾害等。

潜意识非常忠诚于主人，为了不让主人遭受重复性伤害（再次回忆创伤性事件），它会"制造"出一幅幅美好的幻境替代过去糟糕的境遇。安徒生童话《卖火柴的小女孩》里，饥寒交迫、濒临死亡的小女孩幻想出了炉火和烤鸭，就是潜意识在"成全"主人。

现实中的"选择性遗忘"，也是潜意识在趋利避害。

在催眠状态下，张娟回忆起了当年的创伤性事件——幼年时遭受的性侵。但是，催眠师只能在潜意识层面对她受伤的心灵进行修复。在此说明一下，这种治疗需要较长的疗程，治疗中也有可能诱发当事人的过激反应，催眠师要有一定的思想准备。

心理学意义上的双重人格，实际也是一种防御，是人类自我保护的盾牌。

8. 神神叨叨的李涛——人格障碍与精神疾病

李涛刚结婚一年的妻子找我求助，说李涛的行为越来越不可思议：高兴起来像打了鸡血，信誓旦旦地要到大城市去挣大钱，发誓不开回一辆宝马车就不进家门；有时候又会萎靡不振，感觉自己一无是处，连门都懒得出。

妻子多次开导，希望李涛能踏踏实实地过着普通的日子，

不要朝三暮四，不着四六。最近一段时间，她发现李涛的行为越来越怪异了，经常背着自己偷偷摸摸地做着什么，甚至提出要辞职，然后在家里写网络小说挣钱。

妻子担心丈夫精神方面有问题，一直想带他找大夫看看，可她又不敢明说，害怕伤了他的自尊心。她也咨询过一些专家，结果人家都怀疑他有精神问题，需要进行系统的诊断和治疗。

李涛的个案，可以让大家更加清晰地了解人格障碍和精神疾病的区别。虽然两者有许多共同的特征，有些症状甚至界限不清，但不能把它们混为一谈。不然，我们会盲目地把人格障碍当成精神疾病处理，那会冤枉很多"好人"，也会让精神病患者贻误治疗时机。

精神科界定精神疾病有一个重要指标——患者是否全部丧失社会功能，即患者生活能否自理，独立工作，正常交际。

那么，案例中的李涛算不算精神疾病呢？

如果说是，但他并没完全丧失社会功能，也不像精神分裂症患者那样丧失理智，更不像抑郁症患者那样悲观厌世。可是，他的思维方式远远超出了"常模"，如果任其发展下去，后果难以预料。

我要求李涛的妻子带李涛过来聊聊，可他死活不肯来，并说自己没病，没必要见心理医生。李涛的妻子很无奈，我也爱莫能助。

可以这样说，精神疾病患者都存在严重的人格障碍，但人格障碍患者不一定有精神疾病。比如，抑郁症患者一定存在严重的人格障碍，但能主动求医。如果说抑郁症不是精神疾病，那么患者的意识、行为又具备精神疾病的特征，我们怎么去界定呢？

所以，人格障碍是在心理障碍和精神疾病之间，稍有偏离就会发生质变。人格障碍虽然没有发展到精神疾病的程度，但行为模式违背了公认的标准，会给自己、家庭甚至社会造成诸多麻烦甚至危害。

虽然人格障碍算不上病，但比一般疾病还糟糕。关键是，当事人并不自觉，不认为自己有问题——这就麻烦了。

9. 不能客观看待自己的李建——自我评价失衡

李建大学毕业后应聘到一家大型私企的业务部门上班，信心满满的他满以为找到了自己的位置，于是意气风发地投入到了工作当中。没承想，开始的几笔业务他均以失败告终，而眼看着其他同事都能完成任务，领到可观的奖金，他开始怀疑自己的能力了。

又经历几次失败后，李建彻底对自己丧失了信心。"我就是个一无是处的笨蛋，连几个学历平平的女同事都不如。"

经理发现李建的情绪不对，找他谈话予以鼓励，可他始终没能走出失利的阴影，最后索性辞职去了一家物业公司。但他干了不到半年，再次跳槽去了一家文化公司打杂。

人无完人，更何况万事开头难，客观、公平的自我评价是成长的关键。无论事业还是生活，开始时一帆风顺并不见得是好事，因为不经历挫折是很难真正成长起来的。

那么，怎样评估自己的能力（综合素质）呢？

那就要给自己做一个"智能CT"了。拿出一张纸、一支笔，写下自己的优点，比如诚实、善良、热情、不拘小节等。再找出自己的缺点，比如固执、爱面子、毛糙、守旧等。

审视一下优点带给自己的好处，比如良好的人际关系等。再回忆一下缺点给自己造成的坏处，比如工作效率低等。

优点当然要发扬光大，而缺点则要学着一点点去克服。克服缺点不容易，我们不能指望一个人一夜之间变成圣人，而要按难易程度逐一克服，最好能找到具体的改正方法。

比如，改善爱面子的缺点，就要学着在朋友面前示弱——当你把缺点自愿暴露在他人面前时，非但不会被嘲笑，反而能提升自己的品位，因为，这样你就成了一个懂得自嘲的幽默之人，这可是名人范儿！

还有一个克服缺点的办法，那就是"量比递增（减）"法。比如，关于"没耐心"这个问题，你可以每天坚持写点文字，像工作（生活）日记等。

买一个笔记本，在封皮上写上日期，暗示自己这就是自己改正缺点的起始时间。你要看看第一天能写多少字，记录得是否清晰、满意；第二天最好要写得比昨天多一点（一般可以观察行数），关键是要记录得更详细一些。第三天、第四天……

这样，每天睡前写日记时都要与之前做一个对比，慢慢地你就会发现，你记录得越来越生动、翔实了，也就会从中找到成就感。这是"量化递增"。

再如，很多人说话滔滔不绝，喜欢抢话头，这是一个让人讨厌的毛病，需要"量化递减"。

首先，你要清楚自己在什么场合容易犯这个毛病，当自己忍不住抢话时，立马默数五个数，确保自己先不开口。然后，迅速在脑海里蹦出与"言多必失""话多必轻""口臭""白沫"等有关词条，并联想相关画面，告诫自己"倾听才是美德"。

渐渐地，你会发现人们就是喜欢倾听者，讨厌滔滔不绝者，而你的"少言寡语"其实是在彰显自己的修养。

通常而言，人们喜欢把目标定得很高，可是一旦失利，就会灰心、气馁。"不积跬步，无以至千里"，成绩都是一点一滴积累起来的，自我转变更是如此。别指望一口吃成个大胖子，能不断地被自己小小的转变感动就已经很好了，因为你正在向着成功迈进。

10. 死要面子活受罪的孙涛——杨树效应

孙涛在一个重要部门给领导开车，这本是一份再普通不过的工作，可是他有些飘飘然，经常在朋友圈里自吹自擂，要给这个办事、给那个帮忙，给人的感觉好像他是单位的二把手，并且他也自我感觉良好。

有一次，他拉大旗扯虎皮给朋友办事，结果事没办成，却把领导给扯了进去。恼羞成怒的领导干脆把他调到了保卫科，其实就是看大门的。

从此，孙涛就在背后骂领导背信弃义，不讲交情，感觉自己受了莫大的委屈，整天唠唠叨叨，萎靡不振，成了名副其实的"怨夫"。

人们常讲，"要知道自己能吃几碗干饭"，实际上就是提醒大家要摆正自己的位置，在其位，谋其政。可是，现实中就有那么一些人，他们不自量力，好高骛远，所做之事远远超出自己的能力，结局往往是一地鸡毛。

分析孙涛的心理，无非就是想借外表的华丽掩饰内心的空虚。他几乎都是靠面子活着，最害怕的就是别人说自己没能力。可是，"死要面子活受罪"，到头来众叛亲离、灰头土脸的还是自己。

心理学上有一个典型的"杨树效应"，即：越是喜欢唱高调的人，内心越空虚、自卑，就像生长最快的杨树，外表看上去修长、华丽，但树干却"空虚"得很，一旦遭遇强风，首先被摧毁的就是它们。孙涛的高调就像杨树。

与之对应的是"榆树效应"。老榆木浑身疙瘩，既不修长，也不漂亮，但内心是坚实的，任凭风吹雨打，独自屹立不倒。

人的能力是有限的，聪明人都懂得谦虚、低调，那叫大智若愚。不懂或无能不是毛病，但不懂装懂或打肿脸充胖子就有问题了。谁都难免会被人求，但事事万不能大包大揽，把话说绝，这样即使办成了事，对方也不一定会领情。

不妨琢磨一下弓箭的道理：如果把弓箭拉得太满，不但容易弄折它，并且会把自己逼到后退，甚至倒下，没有回旋的余地。记住，凡事都要留余地，人生最美的境界其实是"花未全开月未圆"。留有余地，这是一种人生哲学。

六、神经症和人际关系心理学：
　　健康杀手中的一匹"黑马"

　　一说到神经症，大家可能立马会联想到"神经病"甚至"精神病"，平时我们奚落他人时也会用到"神经病"这个词。可是，你知道什么是"神经症""神经病"和"精神病"吗？

　　神经症与神经病、精神病压根儿就不是一个概念。神经病是神经系统出了毛病，比如大家最熟悉的神经性头疼，它是神经紧张引发脑血管充血，压迫脑神经所致，等不紧张了头就不疼了。当然，最典型的还是神经被病毒感染或外力创伤导致神经受损的疾病，比如"吊斜风"、运动型肌肉疼痛等。

　　而精神病是指精神分裂症，就是平时人们所讲的"疯子"，仅从字面意义上就可以看出这种病的严重性——它是严重的精神障碍，基本丧失了社会功能，丧失了自控力。

表面上来看，神经症远没有神经病和精神病那么可怕，不温不火，不痛不痒，之所以把神经症称为"黑马"级健康杀手，有以下三个原因：

一是它的普及性，成年人（现在，神经症已经有严重的低龄化趋势）或多或少地都体验过它的存在。

二是它的厉害，全国每年都会有上百万的抑郁症患者选择自杀（多数未遂）。

三是它治愈的难度，如今心理学界（包括医学界）都拿它没办法，因为它的发病机理相当复杂，至今也找不到原因，而药物治疗只可以控制或缓解情绪。

基于以上三点，神经症的危害性甚至超过了癌症、心脑血管疾病等人类健康的头几号杀器。尤其在生活压力日趋加大的当今时代，它正在成为人类健康的头号敌人。

既然神经症如此可怕，那么能不能提前预防呢？可以确认的两点是"遗传因素"和"环境因素"。遗传指的是"个人体质"，这没办法；而环境因素是可以考虑的，要尽可能地让它与心境形成良性互动。比如，家长要给孩子的成长营造和谐的家庭环境和社会环境，也要努力营造舒心的生活和工作环境。

由于公众对神经症的认识有限，多数患者在发病初期不以为然，认为只是单纯的性格问题，过段时间就好了。这是必须要纠正的。

1. 被恐惧和失眠困扰的年轻人——焦虑性神经症

案例一：李娜，女，二十五岁，在一家私企做现金出纳。最近一年里，她总是莫名其妙地感到紧张、害怕。亲戚给她介绍对象，可她就是不敢跟人家见面，有时逼得没办法了才去约会，但也总是如坐针毡，紧张得浑身出汗，频频去卫生间以缓解情绪。

她的这种情况近期发展到总是把账目弄错，几次被老板叫去质询。她说只要听到老板在走廊里的脚步声，就感觉自己要紧张得晕厥过去。

她害怕一个人在宿舍待着，可又不敢去人多的地方。晚上，失眠的滋味让她痛不欲生，她常常瞪着眼看天花板直到凌晨。她多次去医院神经科看大夫，结果治疗神经的药物吃了一大堆，却一直不见效果。

案例二：王伟，男，三十岁，报社编辑。几周前，由于一时疏忽导致报纸内容出错，他被报社领导训了几句。幸好差错不大没造成大的影响，事情很快就过去了。

可是，王伟的情绪出了问题，他总是害怕再次出现差错，于是每次看稿都是一个字一个字地反复核对。他本以为这样就能平安无事，可差错还是隔三岔五地出现，让领导误以为他的感情出了问题。

其实，王伟同样被失眠困扰着，他偷偷服用安定药物来改善睡眠质量，可白天依旧昏昏沉沉。不得已，领导给他调换了岗位，他去了发行部当差。

然而，王伟失眠的症状并未好转，他甚至开始怀疑是领导在故意为难自己，并发誓离开报社另谋出路，可他始终下不了决心。不到一个月的时间，他的头发变白了一些，看上去像个半百老人。

案例三：宋梅，女，三十五岁，离异，自由工作者。她由于丈夫出轨而离异，孩子判给了条件优越的丈夫抚养。最近一年里，她有时会忽然晕厥，但持续几秒钟后又会恢复。她怀疑自己有心脑血管问题，去医院做全面检查，结果发现一切正常。

但是，医院的诊断并没消除宋梅的恐惧和担忧，而她短时间晕厥的症状也没消失。她担心自己得了什么更加严重的疾病，惶惶不可终日，精神已到了崩溃的边缘，甚至想到用自杀来摆脱痛苦。

焦虑是李娜、王伟、宋梅三人所体现的情绪集合体，但它有轻、中、重度的区别。

轻度焦虑是一种常见的情绪体验，每个人每天都会有数次这样的经验过程，这都属于正常反应。比如，上班途中遭遇堵车，下雨时担心客厅的窗户没关，遭遇恋人和朋友的误解，孩子不能按时完成作业，股民看到盘面变绿，等等。

但是，如果发展到中、重度焦虑就不那么简单了。患者一直担心要有大事发生，并一直集中精力等候大事发生——只要他们担心的大事没发生，他们的焦虑就不会解除。如果这种情绪长时间持续不减，影响到工作和生活，那就是"症"了。

焦虑症的发病也有一个由简至繁的过程，开始也可能只是短时间的情绪发作，但很可能会慢慢地泛化（由点及面）。

比如，一个女人开始只是害怕某个男人，慢慢地发展到害怕那一类长得相似的男人，最后发展到害怕所有的男人。再如，开始只是害怕老鼠，最后发展到一见到毛茸茸的东西就会尖叫。

我曾经处理过一位焦虑症患者，他开始只是害怕碱面，后来发展到害怕所有白色的东西，最后竟然一听到"白"这个字就紧张。这就是一个很典型的泛化过程。

心理咨询临床治疗焦虑症比较理想的方法是"系统脱敏"，就是有计划、按步骤地逐步降低患者对"敏感物"的反应强度。

无论是催眠治疗，还是现场操作，都需要专业心理咨询师的规范操作。当然，治疗需要一个过程，有长有短，不能操之过急。

而催眠治疗相当专业，催眠师要在催眠状态下调整患者对焦虑源（物）的认知，进而降低其敏感度。

　　重度焦虑症，需要服用抗焦虑症药物配合治疗，但药物都是处方药，需要精神科大夫出具药方，并遵医嘱下药，也需要根据自身情况做及时的调整，不能一个药方吃到底。所以，神经症的治疗通常需要心理咨询师和精神科大夫合作。

　　焦虑症虽然不致命，但会给患者造成很多麻烦和痛苦。而多数患者不懂得合理管控自己的情绪，往往会让一个简单的情绪问题发展到"症"。

　　在此提醒大家，一定要学会觉察（内观）自己的情绪，感觉情绪无法自控时，请及时求助心理咨询师干预治疗——切忌自以为是，酿成大患。

2. 莫名的恐惧源于不幸的经历——恐惧性神经症

　　案例一：最近，三年级男生睿睿的行为很奇怪，晚上一直能自己上卫生间的他忽然不敢单独行动了，于是每次都要把爸爸叫起来陪他去。渐渐地，他又害怕自己的卧室里面黑，晚上睡觉都不敢关灯。

　　父母断定孩子是吓着了，于是跑回老家烧香拜佛。他们折腾了一大圈非但无效，孩子的问题反而越来越严重了，最后发

展到天一黑就不敢下楼，一听到门外面有响动就吓得直哆嗦。

案例二：谭芳是肿瘤科的一名护士，未婚。有天晚上，一名患者去世，她忽然感觉心跳加速，浑身出汗。她本应该帮着去料理一下，可竟然躲到值班室不敢出来。同事认为她在故意躲避，很不满意她的表现。

一开始，谭芳认为自己只是短暂地害怕，没承想自打那个夜班以后，她竟然不敢上夜班了。于是，每当到了上夜班时，她就请假。护士长感觉她出了问题，就找她谈话，她也说不出什么原因，只说是莫名其妙地恐惧。

一名护士只是因为害怕而不上夜班，实在说不过去，于是领导调谭芳去了内科上班。开始几天还好，过了一段时间，她害怕的问题又冒了出来。她觉得自己的心理出了问题，于是找心理科大夫咨询。

以上两个案例，表现出的是恐惧情绪（症）。

恐惧是人类潜意识必要的"防御"手段，它的本意是提醒你要远离危险，因为不知道害怕就是不知道天高地厚，那样就会无所不为。

那么，什么是防御呢？

如果你正在办公室聚精会神地打字，外面忽然一声乍响，你是不是会打一个激灵？如果有人恶作剧，把一只玩具蛇提到你眼前，你是不是会缩脖子、闭眼睛，做逃离状？

所以说，防御是必要的，是人类潜意识里的一种自我保护反应。

但是，防御没错，如果防御过度那就有问题了。"杯弓蛇影""惊弓之鸟""草木皆兵""因噎废食"等，这些成语形容的就是防御过度。当然，超出正常限度的防御并伴有躯体过敏反应，那就是恐惧症了。

恐惧症患者前怕狼后怕虎，噤若寒蝉，神经兮兮，害怕一片树叶掉下来砸破头。他们恨不得把自己装在套子里，与外界隔绝。

谈到致病原因，恐惧症与幼年经历有着密切关系，比如小时候受到过惊吓，甚至遭受过暴力侵犯。那些可怕的经历虽然过去很久了，但并没有消失，而是默化成潜意识干扰着它的主人。

逃避是人们应对恐惧的下意识反应，因为"经济实惠"，但终究不能解决问题。

老话讲，"鬼怕恶人"，对于恐惧症患者，在亲朋好友及心理咨询师的齐力助阵下，把那个困扰自己的"恶魔"揪出来游街示众，然后砸它个稀巴烂才是正道。

尽管恐惧症的治疗比较复杂，但在所有神经症类型中还是相对容易治愈的，只要患者有意志和决心，有专业老师的辅导，相信能重获新生。

3. 不是病却能把人折磨疯——失眠症

案例一：宋女士时年四十岁，是一名机关公务员，一年前忽然失眠，找医生看过病，吃过药，但一直不见好转，于是辗转求助于我。

我仔细了解了事情的来龙去脉：原来，宋女士的失眠与丈夫的一个变故有关。丈夫是某局的副局长，受到一个案件的牵扯被纪检部门叫去配合调查，在里面待了几天，虽然后来被证实清白无事，但工作受到了不小的影响。

宋女士一直担心丈夫隐瞒了问题，也一直担心他会突然"有去无回"，于是只要他不按点回来，她就开始紧张；只要丈夫回家后面带不悦，她的情绪就会降到冰点。尽管丈夫一再声称自己没事，可她依旧整夜整夜地睡不着。

案例二：小唐，名牌大学毕业，在某出版社任编辑，长相姣好的她在工作上顺风顺水，却患上了失眠症。一开始，我以为她是工作压力大，实际上，她工作轻松，追随者众多。

如果非要找原因，就是小唐的父母长期感情不和。据她讲，如果不是她的极力撮合，父母可能早就分道扬镳了。但是，现在父母关系尚可，自己也很争气，那么她为什么会失眠呢？她自己也说不清楚原因。

失眠大致分为两种类型，一是心理（精神）性因素导致，二是身体健康因素导致。

案例一中的宋女士是典型的心理因素导致，她的失眠源于担心，这不难理解，就像贼上墙、火上房，谁还有心思睡觉？通过对宋女士两个疗程（四周为一个疗程）的认知疏导和催眠放松治疗，她的症状有了很大的改观。

麻烦的是小唐。通过几次深入晤谈，我虽然了解了她的成长史和大致的发病原因，但治疗起来却远远超出了我的设想。后来，我不得不借助抗焦虑药物以巩固效果。

总结这个案例时，我脑子里一直在凸显"安全感"这几个字：小唐表面看上去风平浪静，可是不安全的因子早已嵌入她的潜意识——小时候的经历（父母吵架闹离婚）与她的失眠直接相关。

如果她风平浪静还好，一旦遭遇挫折，就会激活潜意识里的那些不安全"因子"，虽然自己意识不到，但失眠会不请自来。

身体健康因素就是手术、过度疲惫，以及环境变化等导致的失眠。它不是重点，无须赘述。

失眠已经成为困扰大众健康的突出问题，目前，治疗失眠（尤其是顽固性失眠）的办法还是"药物＋心理疏导"。

针对顽固性失眠，首先要用药物（主要是抗焦虑药物）改善

睡眠质量，以缓解焦虑情绪，等焦虑缓解后及时介入心理疏导，寻找失眠原因，通过催眠放松身心，可以里应外合实现标本兼治。

4. 总是感觉自家的门没锁上——强迫性神经症

案例一：在事业单位工作的小范最近被失眠困扰着，在不到一个月的时间里，人整整瘦了一圈。

他说一开始并不严重，只是脑子里会突然蹦出一些与现实不搭界的想法，什么离奇古怪的事都有。于是，他就一遍遍地告诫自己"不要想"，可越是告诫就越想，索性只能熬夜，每次都是瞪着布满血丝的眼睛熬到天亮。

他怀疑自己得了很严重的病，也服用了一些治疗神经的药物，可几个月过去了就是不见效果。

案例二：小白在一家公司做会计。有一次，老板等着要一份数据表，按理说，她应该尽快整理完送过去，可这时她忽然想起一个问题，自己都感觉莫名其妙："我的汽车门锁没锁呢？"

她又联想到车里的东西："天哪，如果车门没锁，东西被人拿走了怎么办？"于是，她抬腿就往外走，走到楼下停车位看了看，发现车子上锁了。接着，她就往回走，可是刚走进电梯里那个念头又冒了出来，于是又赶紧下楼跑去停车场，跑到车跟前时自己都觉得很好笑。

这么来回折腾，老板急了，打电话催她快点拿数据表过去。

如果只是这一次也就罢了，小白以后落下个毛病——每次不下楼看几次、确认几次汽车门有没有锁，她就会坐立不安。

同事对小白的行为感到不可思议，而她的工作也因此受到了不小的影响。她也意识到自己出问题了，但不知道怎么调整。

强迫症属于心因性心理障碍，有强迫思维和强迫行为两种表现形式。

业界对强迫行为有着比较统一的认识，大致能找到"病原体"，但对强迫思维（即通常所说的"闯入思维"）却无法解释：他们为什么那么想？那个念头究竟来自何处？明知担心是多余的，但还是担心。

强迫思维有焦虑症特征，属于"无厘头"式的胡思乱想，案例一中被失眠困扰的小范就属于强迫思维——其实，所有失眠症患者几乎都属于这种情况。而案例二中的小白，则属于由强迫思维导致的强迫行为。

强迫思维可以单独存在，而强迫行为则是强迫思维的结果。有些强迫症并无大碍，比如洁癖可以理解成好的行为习惯。但有些强迫症会严重影响工作和生活，这就必须予以重视了。

在医院工作的小秦有严重的强迫行为，他家的对门在一年前曾失窃过，所以他老是担心自家的门没锁好，几乎每天他都会三番五次地爬上五楼核实情况。有时候出差不在家，夜里他就会失眠——因为脑海里老是出现家里被窃的情形。

小秦明知道自己的担心是多余的，但就是消除不了这种奇怪的想法。于是，我决定"以毒攻毒"来唤醒他大脑里沉睡的神经。

周六，我约好小秦一起走去医院做体检，早晨我提前来到他所居住的小区，电话通知他我在楼下。

等小秦下来后，我问："你家的门是不是没锁好？"

小秦犹豫了一下，说："你这么一问，我还真的拿不准了。"于是，我让他上去看看。等他下来后，我又问了同样的问题，他又犹豫了，我就让他上去再查看。

就这样，折腾到第四遍时，他已经满头大汗、气喘吁吁了。他说："这次一定锁上了。"

我说没锁上，继续让他上楼核实。最后，他瘫坐在花坛边，说再也不上去了，一定是锁上了。接着，我给他讲了一些强迫症的常识，他忽然开了窍。

他问我："此时此刻，是不是我的'短暂性失忆'（我暗示他的病）治好了？"

我继续暗示："对啊，你大脑里面那一块儿管理记忆的功能已经被自己激活了，所以你以后再也不会失忆了，你的家门就一定会在第一次锁上。你可以自己验证一下，每次锁门时把一张纸条的一半别在门缝里，另一半装在裤兜里，当有怀疑时就看看那张纸条。"

行为疗法对治疗强迫行为很见效，而强迫思维的治疗就复杂得多，一般要利用催眠寻找一下症状的源头，看看到底是什么病因。

强迫症患者一般具有偏执型人格特征，往往也是完美主义者，有的人有创伤性经历，就是"一朝被蛇咬，十年怕井绳"的恐惧心理延续。

教强迫症患者学会催眠放松术，是一种有效的治疗手段，可以实现标本兼治的目的。比如做做瑜伽，听着舒缓的音乐想象一些温馨、安静的画面，这都是自我催眠。

5. 把一家人折腾垮的老太太——疑病性神经症

同学的同学（老韩）的母亲出了心理问题，同学说那老太太病得邪乎，希望我能过去看看。

我就与老韩见了面。老韩说，这几年，老太太把他们兄妹几个给折腾惨了。从滨州到济南，再到南京，最后到北京，检查、吃药，检查、吃药，几年折腾下来全家人都筋疲力尽，可老太太的病还是不见好转。

于是，老韩怀疑老太太有心理问题，可至于是啥问题就搞不懂了。

我说："我差不多能治好老太太的病，但是我们得签一份协议……"

老韩说："只要老太太不再折腾，你让我怎么做都行。"

于是，我俩就给老太太做了一个"局"。

一天，我郑重其事地去了老韩家，见到了那位难缠的老太太。老韩介绍我是留学归来的著名内科专家，是他的大学同学。

我接上了茬儿，与老太太谈起她的病。这一说不要紧，老太太如遇知音，把我拉到床边开始滔滔不绝起来。她说得有鼻子有眼，可我知道这就是典型的疑心病，是一种心理障碍。

于是，我说："巧了，你这病我在国外治疗过多次，百分百有效果，但就是治疗的药物很贵，恐怕一般家庭承担不起治疗费用。"

老太太一听急了，她拿出一对翡翠玉镯，还拿出几张存单，问我够不够。

一周后，我把一瓶谷维素贴上一张英文标签后给老太太送了过去，并且一再嘱咐一定要按时服用，还附加了几个治疗办法，比如到公园散步、吃素食等。其实，这都是幌子。

老韩当着老太太的面给了我一大摞现金当诊费，我当场欣然"收下"了。

几周后，老太太的"病"果然好了不少，并叮嘱老韩请我这个大恩人吃饭。

　　疑心病多发于中老年人，如果非要说出个原因，那就是潜意识里的"求生欲望"给闹的。人到中老年，疾病自然会来，于是健康长寿就成了他们首要考虑的问题。试想：谁都怕死，怕孤单没人管。基于这种潜意识，老年人往往会夸大自己的"病情"，而潜意识很忠诚于自己的主人——你愿意得病，那就真的成了"病"。于是，当事人真的就感知到生病了。

　　实际上，这只是自我暗示的结果罢了，时间一长，就成了心理障碍。这就是心理学上所说的"心想事成"效应：你总是想要什么结果，最后就真的成了什么结果，好坏都一样。

　　"心病还需心药医，解铃还须系铃人"，在心理咨询临床上，由暗示导致的心理障碍，最好的治疗办法就是用暗示的办法给"顶回去"。

　　暗示的能量巨大，包括自我暗示。心理治疗中的催眠，实际上就是一种暗示疗法。当自身形成一套科学合理的暗示系统时，所有的心理障碍就都不是问题了。

　　心理咨询临床上的"疑心病"，指的是个体怀疑自己有病，而疑神疑鬼则可能是一种性格缺陷，源于个人的自卑和不自信，比如怀疑世间有鬼，怀疑爱人对自己不忠等。但如果发展到出现躯体症状，像幻听、器官疼痛等，那就成了心理障碍，有必要接受专业疏导了。

七、青春期和人际关系应用心理学：
成长路上的第一道坎儿

　　青春期经常被大家与"逆反"联系在一起，或者说，大家一般会武断地给青春期戴上"逆反"这顶不太招人待见的帽子。标签贴在脸上，也会粘在心里，那么，我们先站在对立方一边，为逆反做一下"无罪辩护"。

　　人们普遍会曲解"逆反"这个词，因为它乍看上去含有满满的贬义，大人更会把它具象成与家长、老师甚至社会对抗的青春期孩子：他们穿着奇装异服，吸烟，打架，故意刁难父母、老师，甚至离家出走……

　　如果真是这样，那么"逆反"确实十恶不赦。

　　但我们换一种思路看呢？我们把逆反理解成"独立"，理解成不受传统的甚至迂腐的条条框框约束的个性解放呢？这时，是不是对它的偏见就会少了一些？

实际上，逆反只是一个中性词而已。

"树大分叉，人大分家"，这是事物发展的必然规律。心理学上把青春期称作"心理断奶期"，即进入青春期的孩子会自然萌生脱离父母管束的冲动，这其实是为以后的"永久独立"做准备。

这是每个人走向社会独立谋生的第一步，是本能，也是成长的需要。

实际上，最先接受不了"亲子分离"的是父母。试想：父母含辛茹苦拉扯大的孩子忽然变得冷漠且不近人情，甚至连个笑脸都不给自己，这不等于养了一只白眼狼吗？他们会想："孩子走了，我可怎么办？"

于是，家长患上了"分离恐慌症"，他们害怕孩子离去，害怕离别后的失落和孤单。就这样，在潜意识的支配下，他们开始了"圈羊"行动，恨不得天天把孩子勒在自己的裤腰带上。

这让准备"逃离"的孩子感觉到了窒息，可以说，青春期遇到更年期，势必会引爆一场旷日持久的"拉锯战"。青春期的亲子关系像拔河，双方你来我往消耗着精力，而这场比赛却注定没结果。

经济尚未独立的孩子，往往会在形势上落得下风，他们左突右闯就是逃不出"如来佛"的手掌心，但他们会以独有的方

式实施"报复"，那就是与父母在心理上拉开距离。

其实，这对孩子是不公平的。因为，父母也都经历过青春期，多少也曾有过逆反行为，为何轮到自己当家长却想不开了？

"哪里有压迫，哪里就有反抗。"对于青春期，这应该是最形象的描述了。

孩子的离去是必然，作为家长，要欣然接受分别带来的不适。可惜的是，很多家长会使出浑身解数禁锢孩子，甚至想把自己的"印"烙在孩子身上，而孩子的反抗也会刺伤自己敏感、脆弱的心。于是，一场场失去理智、注定难决胜负的家庭战争轰轰烈烈地上演，浩浩荡荡地形成了中国式教育的别样风景。

此外，很多家长因为孩子厌学走进了我的工作室，我也与很多一线教育工作者交流过"厌学问题"，结果大家都感觉这个问题很复杂，甚至有老师直言：这是学生自身的问题。

那么，厌学的原因究竟出在了哪里？

"我感觉学校像一座监狱。"

"我觉得我跟父母的关系像苦大仇深的敌人。"

"我的能力难以完成家长的夙愿，我害怕让他们失望。"

这是一些"问题学生"亲口对我说的话，也曾一度让我陷入深思：真的是孩子错了吗？难道孩子就愿意给家长、老师出难题吗？绝对不是。

任何问题都不会独立存在，厌学也不例外。家庭，学校，社会，自身素质等，这些都与厌学症脱不了干系。如果想弄清原委，找到解决办法，就需要把错综复杂的关系一一厘清。原因找到了，办法也就有了。

1."小公主"小敏的蜕变——习惯的力量

小敏是一名初二女生，性格外向，大大咧咧。从小到大，她从来都是衣来伸手、饭来张口，自己没洗过一件衣服。

家长担心孩子太懒会影响到将来的自立，于是试着让小敏做一些力所能及的事，可她丝毫不为所动，依旧养尊处优地过着小公主般优哉游哉的生活。

忧心忡忡的父母求助于心理咨询师，询问让孩子转变的办法。

习惯是一种力量，它有极强的惯性，与吸烟、喝酒、化妆等是一个道理。案例中的小敏从小被娇生惯养，她对父母的依赖也已成为习惯，心想："反正有人给我做，我凭什么还要亲自去做？"

正如小敏家长的担心，五谷不分、四体不勤的孩子将来想自立一定会成问题。巧的是，有段时间，爸爸出差，妈妈患急性阑尾炎入院治疗——让妈妈没想到的是，小敏竟然做了一碗半生不熟的蛋炒饭送到医院来。

妈妈说："孩子一夜之间长大了。"

我说："不是孩子不愿意成长，而是你们剥夺了她成长的权利。"

小敏颇具代表性，可以说，中国培养了成千上万个像小敏一样养尊处优的"小皇帝""小公主"。

中国家长向来溺爱孩子，独生子女尤甚，但这会让孩子丧失最基本的生活技能。当家长突然发现孩子连内衣都不会洗，不知他们以后怎样面对独立这个问题时，又会迫切地希望他们快速变成小大人，但习惯难改，转变起来不容易。

改变不良习惯起码要具备两个前提，一是遭遇突发事件，使价值观来个急转弯，这是外因；二是有足够的领悟力和决心，这是内因。

外因和内因，二者缺一不可。比如，一个突然患上肺病（肺炎、肺结核等）的人，他会意识到再吸烟可能危及生命，于是能迅速地戒烟成功。

改变习惯的难度系数大致与年龄成正比，年龄越小越容易纠正，反之则越难。

在蜜罐中泡大的孩子其实丧失了"被需要感"，所以也就没多少责任心和担当了。但孩子毕竟还是感性的，比较容易被触动，家长适当地"示弱"会让孩子迅速找到被需要感，就像妈妈生病后，小敏迅速地变成熟了一样。

2. 爱跟同学吵架和动手的小虎——自卑与超越

高一男生小虎最近老是跟同学吵架，甚至动手。老师找他谈话，他说有几个同学经常在背后嘲笑他胖，还给他起了个"猪猡"的绰号。

仔细了解得知，身材略胖的小虎喜欢暗地里偷听别人说话，而一旦听到有关自己的内容，他就以为是在讽刺、笑话自己，于是隔三岔五地跟同学闹矛盾。慢慢地，他竟怀疑老师也瞧不起自己，曾当面指责老师的素质有问题。

我问小虎："同学们为何要嘲笑你？"

小虎说："因为我胖。"

我说："你看上去并不是很胖，而班里跟你身材差不多的同学肯定还有，为什么他们不去嘲笑别人而唯独把你当成了靶子？"

小虎一时语塞，说："反正我就是看他们不顺眼。"

我问他的成绩咋样，他说一般般。

于是，我说："要想让那几个人闭嘴的办法只有一个，那就是在学习上超越他们，因为，只有优秀的人才有尊严。"

自卑是青春期的一大心理特征。长相、家庭条件、学习成

绩、特长等，都会引发孩子的自卑心理。

自卑的孩子会出现两种截然不同的发展趋势，一是自闭，喜欢把自己装在套子里，最后会导致抑郁情绪，这是抑郁症的基础人群；二是引发嫉妒心理，导致施行畸形的报复行为。

低年龄孩子的报复，无非是打架斗殴、恶作剧，一般不会产生严重的后果。最可怕的是，他们会在心里埋下仇恨的种子，以致形成畸形人格。如果他们从与一个人敌对到最后泛化成仇视人类，那就形成反社会人格了，是一种极具危险性的安全隐患。

自卑并不可怕，可怕的是不懂得转换思维方式去消解它。同时，自卑也是一种极强的能量，就看你会不会利用了。比如，"知耻而后勇"，说不定你就成功了——不信你去多看几本名人传记，或许就能找到答案。

3. 小雅的"明星梦"——理想化的另一面

小雅是一名很漂亮的初三女生，她的理想是当一名影视演员。也不知道是从哪里弄来的"明星修炼秘籍"，她就严格按明星的饮食起居习惯生活了，比如穿塑身的衣服，吃素食，坚持游泳，去美容院美容等。

一开始，父母还有些骄傲，以为自己家里能出一个大明星，但很快就发现孩子有点不着调了，不但学习成绩一直徘徊在中下游，而且时常跟一帮男生混在一起吃喝玩乐。

当妈妈拽着小雅找我求助时，她是一脸的不屑。她的态度很明确："你们不能扼杀我的理想，每个人都有追求幸福的权利。"

母女两人越争越激烈，差点在我的工作室里打起来。

理想化是青春期的又一大特征。

人应该有理想甚至梦想，不然也就没多少出息了。青春期是孕育梦想的当值年龄，我们没理由去抹杀那些看似不着边际的梦想。但凡事要有度，比如案例中小雅的行为就有点过头了。

梦想是奋斗的原动力之一，但若把梦想变成虚荣就有点不着四六了。

虚荣心都很脆弱，需要用超敏感来维护——当一个人自觉不具备维护能力时，自然就会寻求外力支援。很多堕落的女孩子，就是被虚荣心拉下水的。还有那些执迷不悟的"追星族"，他们的人格都已经扭曲了，还谈何梦想？

作为监护人，家长在鼓励孩子追求梦想的同时，一定要让他明白"不积跬步，无以至千里"的朴素道理，因为勤奋努力、脚踏实地是通往成功的唯一途径。"一夜成名"也不是不可能，但那毕竟是概率极小的事。

而孩子们往往只看到了明星在舞台上的光鲜亮丽，却没看到他们在台下所付出的艰辛。黄晓明就曾告诫过他的影迷，如

果没有一天只睡三小时，还要坚持一个月的心理准备，就没资格当明星。

一分耕耘，一分收获。这是不变的铁律。

4. 圆圆的不幸遭遇——校园暴力

案例一：某市一所中学发生了一起恶性校园伤害事件。该校初二女生圆圆被同班和邻校的五名女生叫到校外的玉米地里，被以辱骂、扇耳光、脱衣服、踹小腹等方式侮辱、殴打近一个小时，还威胁她不能说出去，如果不听话还会打她。

妈妈发现圆圆的伤势后立刻反映给了校方，并马上报了警。校方和警方介入后，很快找到了那五名打人的女生，原因也很快被查明。

原来，圆圆与其中一名女生在微信群里议论一个男生的长相，结果那名女生正好暗恋那个男生，于是对圆圆的言论甚感气愤，但圆圆没感觉做错了什么，嘴上也不服软。

于是，该女生就纠结校内外的几个"朋友"，决定给圆圆点颜色看看。

由于打人的五名女生均未达到法定刑事行为能力的年龄，也未对受害者造成严重的伤残，警方只能进行批评教育，校方也组织她们及其家长向圆圆赔礼道歉。

可事件给圆圆造成了极大的心理阴影，她感到焦虑，恐惧，神情恍惚，家长只能陪她在家疗养。身体的伤好养，可心灵的伤口却难以愈合。事发三月后，家长带着圆圆找我咨询，这时她已经出现了严重的精神分裂症状。

案例二：这同样是发生在该市一所中学的一起校园暴力事件，但让出警民警始料未及的是，参与斗殴者竟达四五十人之多，于是他们不得不求助特警大队出动，才避免了一场斗殴的升级。

经过预审得知，参与斗殴者有一大半是社会闲杂人员，斗殴的起因更是荒唐可笑：两名同学打篮球时发生了口角，事后双方决定找人来"决一胜负"。于是，他们各自寻找社会关系，分别纠集了二十多号人在校园内上演全武行。

近年来，类似这样的校园暴力事件屡见不鲜，而学校却感到无能为力，老师不禁感叹：现在的孩子戾气太重了，动不动就用武力解决问题。

其实，学校在平时也为孩子们进行普法教育，可他们的法律意识还是很淡漠。这到底是为什么呢？

这里先讲一讲如今盛行于网络的"英雄联盟""热血江湖"等热门游戏。

我曾经询问过几名沉溺于"暴力游戏"的中学生，他们都有过聚众斗殴的经历，或是主谋，或是随从——他们无一例外地效仿游戏中的方式解决现实中的矛盾，那就是暴力。

在他们的价值观里，暴力解决问题"短平快"，而他们确实行动迅速，从不磨叽。但他们也会接受游戏的结果，胜利了高兴，失败了再来。暴力游戏让他们的价值观沉浸在暴力之中，他们甚至会把自己幻想成江湖剑客。

效仿能力强是青春期的一大特征，就像当年电视剧《上海滩》一度让无数年轻人模仿一样——穿着黑风衣，叼着烟卷耍酷。

但可悲的是，很多女生也喜欢用暴力解决问题，比如打游戏。你若问她们原因，她们的回答竟也是"发泄"和"好玩"。所以，暴力游戏的受众不只是男孩子。

考察暴力的渊源，需要研究弗洛伊德所著《精神分析论》中的攻击和防御本能，不再赘述。在此提醒一下，家长和老师应该把预防校园暴力作为一项重要工作去落实，这是一个社会化的大命题。

关于校园暴力，除了暴力网游对孩子的污染外，可能还有其他原因，如家庭暴力。一个孩子如果在家暴环境中长大，他的人格中一定渗透着暴力因子，只要环境允许，迟早会爆发。

青春期是一个由荷尔蒙支配的躁动年龄段，无论家长还是老师，一定要弄明白青春期孩子的心理和生理特点，做到及时发现问题，并及时处理。

家长和老师也要引导孩子敞开心扉，把心事说出来。同时，我们要杜绝孩子接触暴力网游，培养他们健康、向上的兴趣爱好。

此外，成长环境不理想也是常态，青春期的孩子要能明辨是非，学会明哲保身，远离社会闲杂人员。家长和老师也要教会孩子正确处理问题的方式，学会用有效沟通化解矛盾——这是一项"工程"，大家都马虎不得。

5. 小河顶撞老师始末——师生间的沟通

班主任老师把初二男生小河的家长叫到学校谈话，要求家长配合管教，原因是：小河经常在课堂上顶撞老师，让老师下不了台。

于是，爸爸跟儿子谈了一次话，结果小河说老师上课时态度不对，自己是在替同学们打抱不平。

爸爸问："老师的态度怎么不对了？"

小河说："老师竟然在课堂上打电话，这就不对。"

家长感觉问题比较复杂，不能轻易下结论。

小河遇到的问题是综合性的。首先是老师的做法欠妥，其

人际关系应用心理学
Ren Ji Guan Xi Ying Yong Xin Li Xue

次是小河的态度也极端，而最关键的是——师生之间缺少沟通。

我们应该肯定和尊重小河的初衷，因为这是一种负责任的态度，同时要让他明白沟通要使用合理的方式，尤其是师生间的沟通。

假设小河能私下找老师谈谈，事情也不至于闹到不可收拾的地步——毕竟谁都要面子，懂得给人留面子，既是礼貌也是美德。

再说老师，他上课打电话本来就违规，是自己不对在先，如果他能放下面子跟学生道歉，事情就可能是另一种结局了。所以说，修养很重要，老师能跟学生杠上，本身就说明他的境界有问题。

好的教育应该建立在和谐的师生关系和平等、宽松的校园文化之上，老师都应该理性、包容地对待学生，因为，"疏"和"堵"一定会导致两种截然不同的结果。老师谦逊，学生懂礼貌，他们一定能教学相长。

6. 迷恋高年级"男神"的依依——早恋问题

最近，依依妈妈发现上初三的女儿忽然变得神神秘秘的，于是偷偷地查看了孩子的日记，这一看简直把她气了个半死，因为孩子竟然早恋了。

接着，妈妈郑重其事地与依依谈了一次话，结果依依因为妈妈偷看自己的日记而大发脾气，妈妈也因为孩子的不懂事而怒目相向，两人话不投机，不欢而散。

妈妈突然感觉天塌下来了："这么小就知道搞对象，这不就是不走正道学坏吗？"她求助于我，希望我能传授一些办法，让依依死了这个念头。

谈到早恋，先要谈谈"情感代偿"。

"为什么人家的孩子不早恋，我的孩子就早恋了？"这是很多家长抛给我的问题。

有些人可能明白这个道理：潜意识里，女孩子找对象是想找一个像爸爸那样的人。说得更明确一点，女人找对象其实是为了寻求依靠，那就是安全感。为什么她们都希望男方有房有车有存款，并且对自己的感情始终如一呢？说白了，她们就是为婚后的安全着想。

如果一个女孩子能在成长的过程中体验到来自父亲充足的呵护和照顾，她一般不会过早地恋爱——道理不言而喻，因为她不缺乏安全感。

相反，如果一个女孩子缺失父爱，或父亲在家庭中处于弱势地位（妻强夫弱模式），那么她就容易失去安全感。

心理与生理一样，你缺什么，潜意识就会提醒自己补什么。所以说，早恋的女生正是在男生身上寻找到了缺失的安全感。

在这里，安全感还处在第一需求的层次。所以，多数失足少女的原生家庭都不幸福，她们并非急需一个丈夫，而是急需一个安全的心灵庇护所。

导致青少年早恋的原因有很多，比如对性的好奇，贪图享受，寻求刺激等。

"苍蝇不叮无缝的蛋"，要想让孩子避免早恋，就要让他们学会自尊自爱，前提是家庭和睦，孩子有良好的教养，也不缺安全感。

正直、坚强的父爱是孩子安全感的来源，当然，孩子也应该从母亲身上汲取柔性，那同样是人性最本质和本真的滋养。

随着文明的进步，女性的社会地位正在大幅提高，"妻强夫弱"的家庭如今比比皆是。

我们不能武断地说这到底合不合理，但必须强调的是，"妻强夫弱"家庭模式会对孩子造成一定的影响。为什么早恋现象如此普遍？女孩子缺失了什么？

我们要进行深层次的研究。首先，要明白"堵"是行不通的，既不科学，也容易出问题。所以，还是因势利导好。

依依迷恋一名高自己一级的男生，那名男生德智体美都很优秀，是众多女生心中的"男神"，追求者众。依依因此而意乱神迷，导致学习成绩一路下滑。

我对依依说："想要提高追求的成功率，只有一个办法，那就是让自己变得更加优秀，不然人家为什么会钟情于你？人家很优秀而你不优秀，你这不是不自量力、一厢情愿吗？换我，我会重视你吗？

"如果你真的喜欢一个男生，最好的办法是让他反过来追你，而你也必须具备人家追你的条件。

"所以，理想恋爱的前提就是武装自己——只有自己强大了，你才有资格去恋爱，才有可能追上自己喜欢的人，否则只是痴人做梦而已。靠乞讨不会得到幸福，靠摇尾乞怜得来的爱情真的会牢固吗？"

我的一席话让依依有所醒悟，事后她也有了质的转变。

因势利导，把劣势转化成优势，这是一种智慧。

7. 自杀未遂的邵洁——安全感缺失的问题

高一女生邵洁最近老是莫名地紧张，上课走神，精力很难集中。老师发现状况不对，问她是不是身体不舒服，结果她掩面而泣。

于是，老师与家长联系，希望协助处理一下孩子的情绪。

邵洁爸爸带着孩子求助于我，并跟我坦白了一些家庭情况。

这是一个女汉子当家的家庭。对家庭生活心不在焉的妻子处处冷落丈夫和孩子，一直喜欢出风头的她在单位还与一位领导关系暧昧。

丈夫得知真相后，夫妻关系随即降至冰点，虽然他们顾及孩子的感受尚未提及离婚，但长时间的冷战让孩子觉察到了山雨欲来。

邵洁经常被噩梦惊醒，她梦到自己走在一个荒无人烟的地方，不是被狼追咬，就是被蟒蛇缠身。她首先是求爸爸，偷偷地问他能不能跟妈妈和好——她受不了这种恐怖的家庭气氛，爸爸却一直不正面回答问题。

于是，邵洁又求妈妈，而妈妈给出的答案是："你爸爸窝窝囊囊的，这日子我过够了。"

就这样，邵洁在恐慌中度日如年，像一个等待被判决的犯人……终于，她想到了用死来逃避，但割腕后被发现，因抢救及时她挽回了一条命。可她从此变得神情恍惚，最终被确诊为精神分裂症，要入院治疗。

邵洁这个案例，归根结底还是"安全感"的问题。

我在《不要让孩子赢在起跑线上》一书里写道："丧失安全感的孩子必定会输掉一生。"这不是哗众取宠，也不是危言耸听。那么，这里先谈谈安全感对人生尤其是对青春期孩子的影响。

马斯洛的"需求层次论"指出，安全感是人类仅次于生存的第二大心理需求，同时它也能为人类更好地生存服务。

人从降生那一刻开始，就已经在营造自己的安全感了。婴儿为什么啼哭？因为他觉察到了危险，那是在呼唤支援。饥饿、尿床、发烧等，都会让婴儿感到不舒服，不舒服就会让他的安全系数降低。

婴儿的安全感源于妈妈的怀抱，他们趴在妈妈怀里最能体验到安全，而妈妈的一举一动（包括情绪的细微变化），他们都能迅速地觉察并做出反应，这是人的本能。所以，一名温柔、微笑的妈妈与一名悲伤、难过的妈妈，给孩子的感觉肯定是不一样的。

和谐家庭环境的营造离不开父母的共同努力，夫妻关系和谐了，家庭环境自然就会稳定。而家庭一旦陷入危机，会首先波及孩子的感知。一个感觉即将失去家庭呵护，被父母"抛弃"的孩子，会彻底丧失安全感。

这时，他们会草木皆兵，感觉危险无处不在。为了自保，他们会蜷缩在口袋里，用惊恐的眼睛注视着周围的一举一动。虽然时间会冲淡他们的这种感觉，但敏感超限的他们必然会防御过度，在今后的生活中畏首畏尾、如履薄冰。

许多罪犯的犯罪动机并不明显，他们可以为一件鸡毛蒜皮的小事就去杀人放火，这种犯罪防不胜防，是治安最大的隐患。如果从心理学的角度去分析，他们犯罪很可能是丧失安全感后的过激反应。

在育儿这个问题上，父母是否做出了牺牲的准备？在人格

培养的关键时期(3～12岁),父母的主要任务是陪伴和引导——等孩子的人格成型了,父母才可以学着逐步放手。

其实,养育孩子的过程也是父母成长的过程,他们付出的同时也在收获快乐,两者相辅相成,相得益彰。如果你感觉孩子是累赘,或者压根儿就没做好养育孩子的思想准备,那还是暂时别要孩子了。

有些父母迫于生计,把幼小的孩子甩给长辈,自己出去打工挣钱,错过了孩子的最佳教育(人格培养)期,这也是没办法的事。

而有些家境富裕的孩子也会遭遇心理困惑,那是由于父母的关系出了问题,或因性格不合,或因新鲜感淡化,他们就开始把婚姻当儿戏,任由自己的个性绽放而忽略了孩子的感受。等孩子的问题严重了,甚至不可收拾了,他们才会后悔和遗憾,可惜亡羊补牢,为时已晚!

案例中的邵洁,她就是父母的夫妻关系淡化的受害者,父母正是罪魁祸首。在那种糟糕的家庭环境中,羽翼未丰的"邵洁们"往往无处可逃——他们一方面承受着极度恐惧带来的精神折磨,一方面还要强打精神去学习,境况可想而知。

在此提醒一下,为了孩子的身心健康,为了他们的未来,家长对待婚姻请务必慎重。

8. 报了很多特长班的燕子——"因材施教"问题

燕子是父母的掌上明珠，从小学到初中，她的学习成绩一直名列前茅，可最近她遭到了情绪的困扰：首先是莫名其妙地感到害怕，再就是间断性的失眠。她的学习成绩开始呈下降趋势，父母有点着急，问她原因，她也说不出个子丑寅卯来。于是，他们就找我求助。

我大致了解了一下燕子的状况，不禁吓一跳——除正常课业外，父母还给她报了书法、舞蹈、钢琴、国际象棋等特长班，每个周末她都穿梭在各个培训班之间，几乎没有属于自己的时间。

用燕子妈妈的话说，他们坚决不让孩子输在起跑线上，就是要培养一名全方位、高素质的优秀人才——人家没有学的她要学，人家学了的她要学精。

一开始，燕子还算适应这种情况，可是到了初三，她忽然莫名其妙地害怕了。她感觉每天都有一个人在自己耳边重复着一句话："如果中考失利了怎么办？"

她说自己不能辜负家长的希望，因为明白父母对自己的付出太大了，她没理由退缩，更没理由失败。

"不能让孩子输在起跑线上",这是天下父母最朴素的愿望。"知识能改变命运""艺多不压身"……这都没错,而父母唯独忽略了孩子的承受能力——你的孩子不一定是神童,学习更不是填鸭,也不是每个人都能成为马云,成功不是多学几门特长那么简单。

孩子的能力和抗压力不一样,价值观也不一样。他们可能会成为艺术家,也可能会成为清洁工。但是,教育的实质是挖掘孩子自身的潜能——他能干什么,会干什么,能干好什么。这才是正确的施教理念,而不是一刀切地指望把孩子送进北大清华,或者培养成明星大腕。

那些把自己的孩子当神童培养的家长往往会大失所望,而顺其自然地培养孩子却往往能让他成为有用之才。"有教无类""因材施教",圣人发声已经两千多年了,而有些家长却依然不懂教育孩子,这多可悲!

案例中,燕子的家长就犯了"望女成凤"的错误。孩子的容积不是无限的,当体验到压力时他们就会焦躁、害怕,当预感到自己的能力与家长的愿望相差甚远时,他们甚至会破罐子破摔。

聪明的家长都懂得拿捏一个度,只有"刚刚好"才能激发孩子最大的潜能。

家长如果多与孩子沟通,听听他们的意见,体谅他们的苦衷,那些看似麻烦的问题或许就都不是问题了。

9. 莹莹为什么不爱说话了——镜子效应

莹莹妈妈反映，近来女儿忽然不愿意与自己沟通了。

莹莹是一名高一女生，放学回家后，她就钻到自己的小屋里，不到饭点不出来。对父母的问话，她总是爱答不理。

妈妈猜测可能是孩子早恋了，于是通过各种手段侧面打听相关信息，可并未发现异常。她接着偷偷查看孩子的日记，也没发现蛛丝马迹。

父母担心孩子有更大的问题，于是他们就找心理师咨询：为什么孩子突然不愿意与家长沟通了？

"代沟"这个词想必大家都不陌生。家长和孩子生长在不同的时代，当然会有不同的价值观，所以就有代沟。而有效沟通需要具备前提条件，起码要有匹配的心理环境，即双方都愿意参与进来。

孩子不愿意与父母沟通，一定有他们的理由。我与很多孩子交流过这个问题，他们几乎众口一词："家长管得太宽，太唠叨！"

看到了吗？他们没啥实质性问题，就是嫌家长烦。

家长或许会不服气：管得这么宽，说得这么多，孩子都还不听话——如果不管不说，那不就等于放任自流了？

每次听到家长这样说，我就深感亲子之间太需要架一座公平交流的桥梁了。家长的爱护和担心有错吗？孩子不愿意受家长的约束，不愿意听家长的唠叨，有错吗？

这不是谁对谁错的问题，而是沟通的效果。沟通无效就容易产生误会，误会多了自然就会彼此疏远，这才是真正的问题。

这里谈谈"频道"和"妥协"。

手机通话的原理是，两个人之所以远隔千里却能对话，是因为两部手机的频率处在同一个波段上，也就是在同一个频道上。那么，为什么家长和孩子都没错，却都听不进对方的话呢？

这是因为，他们的对话没设在同一个频道上，好比各在各屋，各说各话。这样的话，他们即使分贝再高、说的话再正确，对方根本就听不进去，你说沟通能有效果吗？

那么，怎样才能把对话调到同一个频道上呢？

有效沟通的技巧有很多，比如一方必须让另一方敬佩，或者双方都有沟通的心理需求。家长与孩子沟通也有窍门，那就是千万别在孩子面前当"圣人"。家长要学会适当地妥协，也就是放低姿态——闭上嘴巴，打开耳朵。

请记住，倾听是一种美德。人的一生也是一个不断妥协的过程，与时间妥协，与他人妥协，与自己妥协。

我们要抱着谦逊的态度认真地听完对方的话，然后再发表自己的意见。因为，谦逊的态度是对对方最好的回应——如果你能坚持倾听，对方自然也会用同样的态度做出回应。

这就是心理学上所说的"镜子效应"：你给镜子里的那个人作揖，镜子里的那个人同样会给你鞠躬。反之亦然。

很多家长把自己当成"圣人"，把"不听老人言，吃亏在眼前"这句话挂在嘴边，这种盛气凌人的姿态本身就是不尊重孩子的表现。因为，一方面，孩子虽然小，可他们掌握的知识并不一定比你少；另一方面，孩子在家中虽然是晚辈，可他们同样需要独立的人格，需要被尊重和理解。

请记住，尊重是相互的，与长幼尊卑无关。

回过头梳理一下"青春期逆反"这个问题：家长和老师对孩子的逆反行为既紧张又反感，那么，逆反真的有那么可怕和招人烦吗？

学习不是简单地复制，也不是不加批判地继承，试想：如果哥白尼不挑战神权，科学和文明会有进步吗？

成长本身也是一个不断挑战、否定、创新的过程。如今，我们鼓励年轻人大胆尝试，实质就是让他们去创新。

换一个角度看，逆反其实是一种难能可贵的品质。只不过，我们要去科学地引领和启发孩子，而不是一味地否定、打压他们。循规蹈矩与故步自封是人的惰性，在一定意义上就是退步。

其实，青春期是上帝送给孩子最好的礼物，而孩子也要敞开胸怀大胆地接受这份礼物。孩子一旦有什么问题，要主动与家长和老师沟通，并尽早树立正确的价值观，建立一个助自己起飞的平台。

而作为家长，要学会尊重和欣赏孩子，陪孩子共同度过青春期这个特殊时期。

10. "知—情—意—行"：
从心理动力学的角度去看厌学症

案例一：陈妈妈领着上二年级的儿子小浩走进了我的工作室，她说孩子莫名其妙地会喊肚子疼，几乎每天都犯，但领着孩子去医院做检查发现一切正常，于是她就以为是孩子在撒谎，并予以了警告。

可是，孩子很委屈，严重时能疼得他在床上打滚。最近，他的皮肤又出现过敏现象，浑身上下冒出很多小红疙瘩。

一开始，陈妈妈认为小浩是在装病逃学，可慢慢地也纠结了，不知道他肚子疼和皮肤过敏之间有什么联系，也不知道这样发展下去会有什么后果。

陈妈妈一筹莫展，很痛苦。于是，我单独跟小浩谈了几次，最终找到了原因。

案例二：近来，初一女生露露的学习成绩直线下降，妈妈试图在她身上寻找答案，可是她一直守口如瓶，拒绝跟妈妈交流。

束手无策的露露妈妈求助于我，我对她说："你需要先弄清楚孩子在学校里发生了什么事，你可以直接找老师，或者找露露的同学了解情况。"

于是，露露妈妈找到孩子最要好的同学安琪，陆陆续续地了解到了一些情况。原来，班主任老师曾对露露心怀不轨，而她分不清楚那到底是老师的特殊关心，还是他有其他想法。

露露很害怕，心烦意乱，但又不知道该怎么处理，所以她上课时总会抑制不住地胡思乱想，注意力难以集中。

案例三：初二男生小宇竟然被家长和老师胁迫着送到了我这里，原因是：他经常在课堂上做出奇怪的动作、发出奇怪的声音，把整个课堂秩序弄得混乱不堪。老师多次劝解、惩罚无效后，要求家长给孩子转学。

在外地打工的爸爸赶回来后，不问青红皂白就揍了小宇一顿。大家原本指望这顿惩罚能起到"教育"的作用，可没想到适得其反，孩子的恶劣症状越来越甚。

迫不得已，上课时老师只得把小宇请到教室外。就这样，他开始逃学了。

那么，小宇为什么会在课堂上做出反常的举动呢？是故意的？还是病态的？

参考以上三个案例，先谈谈"心理动力"的概念。

从心理学角度分析，厌学是指学生消极对待学习活动的行为模式。所谓的消极，就是丧失了学习的"心理动力"。

人的心理活动大致有四个递进发展的过程，即：知—情—意—行。厌学属于行为，是一种结果。追根溯源，一个人的行为取决于认知——说白了，孩子对学习是什么态度，就会导致对应的结果。

与厌学行为相对应的是，那些积极、认真、勤奋、自觉的行为，一定也是因为对学习有理性、正确的认识。所以，行为动力源于认知。

先讲一个故事：有一年秋天，我跟随本地日报社的记者去鲁南山区采访一个特殊的家庭。之所以说特殊，是因为这个赤贫的、没什么文化的家庭竟然培养出了三名优秀的名牌大学生。

我们去的时候，他家最小的女儿已经接到了大学录取通知书。

在一伸手就能摸到房顶的石头厨房里，我问了那位文盲妈妈一个最普通的问题："你用什么方法培养出了这么优秀的孩子？"

她表情很平静地说："我们就是吃了没文化的亏，连自己的名字都不会写，当年去生产队领工分时都是摁手印，经常被社员们笑话。

"大闺女第一天上学回来跟我说：'娘，我会写你的名字了。'当她歪歪扭扭地在纸上写出那几个字时，我抱着孩子大哭了一场——虽然我不认识那几个字，但我明白孩子比我强了，我们家终于有希望了。于是，闺女每次回来都教我认字，给我讲书上的故事。我虽然有些稀里糊涂的，但一直在认真地学、认真地听。

"你说用什么法子，我们这些祖祖辈辈没走出过大山的老百姓能有什么法子，比不上你们城里人哩……"

我又问了她小女儿一个问题："你是如何一步步成为一名大学生的？"

小女儿回答得十分干脆："为了让俺娘高兴啊！"

这次经历让我反思了很多问题：为什么那么多具备优越条件的城里孩子不愿意学习？为什么这三个穷人家的孩子能这样的自强自立？

回到"心理动力"这个话题。其实，只有认知正确了，才能有相应的行为出现。那么，这三个山村家庭的孩子具备了什么认知呢？

首先，他们明白知识能改变命运，让自己走出大山。再就是，他们从学习中找到了源自家长的被需要感和自豪感——他们的爹娘没有逼迫、没有唠叨，却能给予他们表扬和默默的支撑。

而那些厌学孩子的家长不妨反思一下：自己的孩子能体验到源自你们的被需要感和自豪感吗？那可是最足的"心理动力"！

一个人想要保持持久的前行动力，必须有一个恒定的信念（认知）支撑。那么，什么样的信念能担当得起持之以恒的学习重任呢？

对学龄期的孩子而言，最起码要培养他们的"被需要感"，这也是学会担当的初级形态——一个没担当的孩子是不会有进取动力的。懂得了这一点，你就能明白为什么"穷人的孩子早当家"。

就像上面的故事，那三个条件艰苦的孩子能随时体验到浓浓的"被需要感"（源于家长满足的姿态），所以会勇于担当。

当你感觉很多人都依赖你，甚至离不开你时，相应地就会产生担当感和成就感——这种感觉很奇妙，也很受用，会一直激励你奋发向上，直到再次体验到更强的自豪感。

被需要感、成就感、自豪感，当这三种依次递增的感觉都被你找到了，体验到了，你的努力和勤奋也就成了习惯和品质，成功就会水到渠成。

再看看那些厌学的孩子，他们甚至连最起码的"被需要感"都没找到，在家里、在学校里成了一个被操控的机器人。"家里什么事都不需要你操心，你只要把学习搞好就行了。"有些家长是不是会对孩子重复说这样的话？

孩子没有参与意识（这里指与家长的情感和知识互动），

没有被欣赏、鼓励，就会感觉知识无价值——即使再有趣的学问也会变得枯燥无味，那么，动力从何谈起？

所以，感觉很重要，只要孩子感觉是快乐的，就会有源源不断的动力被激发出来。

再说说心理活动的第二个步骤，情（这可以理解成情绪或情感）。有了正确的认知（动力），还要有好的情绪做基础。孩子体会到了被需要感，但如果没有情绪做保障，也很难形成最终的行为结果。

还是以上述那个山村家庭为例，像他家那样的孩子有不少，但为何他家这三个孩子都那么优秀呢？

这就涉及家庭环境和教学环境了。如果亲子关系、师生关系没处理好，比如来自家长的过重压力，父母关系、师生关系恶化等，都难以让学生有一个良好的情绪支撑。

成功取决于情商。而教育的实质，应该是培养一个孩子的高情商，在此基础上再去开发他的智商。但是，有些家庭和学校的教育好像搞颠倒了。

问题是：如果一个孩子没情商（如不讲礼貌，不懂感恩），他哪里会有良好的情绪？这样他即使动力充足，成绩也会大打折扣。

实际上，没有情商的智商压根儿就没意义。

最后说"意"。这可以理解成自控力或意志力。惰性是人的本能，学习实际上是一个人抵制本能的斗争过程。但凡成功的人，都是能降服本能的人——古人励志用"悬梁刺股"，那都是意志力的体现。

再以上述那个山村家庭为例，他家的三个孩子去上学，每天凌晨起床后，要用将近两小时翻越大山才能到达学校，晚上再翻越大山回家，春夏秋冬，没有坚强的毅力他们很难坚持下来。

有专家断言，意志力要靠兴趣维持，但它还需要一种精神，一种不达目的不罢休的劲头。

知、情、意三者具备了，行为这个心理活动的结果也就顺理成章地达成了。

11. 形成厌学症的家庭原因——"内归因"模式

形成厌学症的客观原因（也就是外部因素）并非是单一的，那些因素很有可能重叠、交叉。

首先是家庭。可以说，厌学的绝大多数原因或直接的原因，都源于孩子的原生家庭。很多家长习惯外归因，即把责任通通归罪于孩子和学校，这既本末倒置，又糊涂透顶。

案例一：张女士的女儿在外地一所知名的中学读书，有一天她忽然接到了孩子班主任老师的电话，希望家长能去一趟。到学校后，她才知道女儿得了"怪病"，每到考试前一周就发作——发烧、拉肚子，严重时连课都不能上。

接下来，家长带着孩子去医院做检查，结果一切正常。于是，张女士发火了，她指责孩子撒谎，说她偷懒不学习，临走时撂下一句狠话："再装的话，就别回家了。"

女儿刚入学时成绩尚可，可不到半年，老师反映她的成绩一直在下降。家长认为孩子是被娇生惯养大的，希望能借这个机会好好锻炼一下她，并乐观地认为挺过去就好了。

但是，之后的一天晚上，张女士忽然接到女儿的电话，孩子在电话里说要回家，不然就会以死相抵。情急之下，夫妇俩再次连夜赶到学校。当他们看到了站在出租屋阳台上发呆的女儿时，这才意识到她的精神好像出了问题。

案例二：三年级的陈星竟然逃学了，这让父母既匪夷所思，又措手不及。做公务员的爸爸比较保守、理性，对孩子一顿训斥后得出了结论：贪玩。于是，他给孩子立下规矩：再逃学就送他回老家，跟着爷爷种地。

可能是迫于爸爸的威严，陈星真的不再逃学了，可他的学习成绩在一路下滑，期末考试竟然有四门功课不及格。

爸爸找到班主任老师问究竟，班主任反映说，陈星上课时

注意力很不集中，左顾右盼像有很多心事，问他，他也说不出个所以然来。

于是，爸爸找到了孩子平时最要好的同学小凯，经再三询问，才得知了儿子逃学的真相。

案例三：做警察的爸爸和当老师的妈妈坐在我的工作室里黯然神伤：才上初二的儿子宋阳已经有一周时间没回家了，这是他近三个月来第五次离家出走。

我问他们为什么不去找，爸爸说："找回来，早晚还是会跑，这样出出进进有何意义？"

我有点糊涂了，问他到底发生了什么事。

妈妈回答说："起初是因为孩子偷钱且撒谎，爸爸忍无可忍施了惩罚，没承想越打越厉害，最后他竟然离家出走，混迹于城郊，饥一顿饱一顿的。即使这样，他也坚决不回家。"

案例四：王征上小学时父母离异，他被判给了妈妈抚养。妈妈忙于上班挣钱，就把孩子托付给了父母。小学六年，王征一直跟姥姥姥爷生活，与妈妈见面的机会很少，爸爸更是可想而知了。

王征很胆小，看上去像个小姑娘，他还动不动就哭，于是得了一个很贴切的绰号——"小姑娘"。有一次与女同桌发生争执，人家喊了一嗓子，他竟然吓得蹲在桌子底下直打哆嗦。他的学习成绩更是麻绳拴豆腐——不值一提。

妈妈带着王征来求助，是因为他经常被噩梦惊醒，白天还经常说一些神神叨叨的话。姥爷推断孩子被吓着了，于是不断地找神婆巫汉给他叫魂，但折腾来折腾去，他就是不见好转。

那么，父母能否给孩子充足的安全感（一个温馨、和谐的家庭环境）？能否跟孩子平起平坐地交换意见？能否尊重孩子的想法——哪怕看上去非常的异想天开和幼稚可笑。

很多家长整天把"理解""尊重"挂在嘴边，却很少能落到实处。

"孩子不知道深浅，需要大人的管教和约束。""不听老人言，吃亏在眼前。""无规矩不成方圆。"这些话听上去冠冕堂皇，但往往会被家长曲解和用错地方。

如今，有些夫妻关系不和睦，或独立自主，或疲于奔命，他们乐此不疲地生活在自己的世界里，却忽视了孩子的成长需求。比如，有些家长只关注孩子的学习成绩，一厢情愿地把自己的意志强行安在孩子身上，甚至给孩子铺好了未来的路。

望子成龙的家长处心积虑是费心了，却违背了教育规律。

家庭是孩子的第一课堂，家长是孩子的第一任老师。有多少家长能悟透这句话？很多家长请教我教育孩子的方法，我说："这很简单，你们能演一场相亲相爱的《天仙配》吗？"但他们不置可否。

其实，大部分问题孩子的反常行为，只是在失去安全感后的"防御调动"。

这就好比，他们像刚出生的小刺猬，只能竖起浑身的刺来警告他人："别惹我！"而他们的怪异行为，只不过是为了引起大家的关注寻找安全感而已。因为，他们被遗弃、被边缘化了，他们预感到了孤独和危险，所以需要在一个安全的环境里成长，需要被群体接纳。

安全感的丧失，源于父母关系的紧张和破裂。

"我马上就成为一个没家的孩子了。""如果父母离婚了，谁会要我呢？""后爸后妈是不会对我好的。"这是一个问题孩子亲口对我说的话，想想真的可怜。

拿上述案例三来说，我与那个初二男生宋阳单独交流时，他竟然毫不掩饰自己对爸爸的鄙视。

原来，他爸爸是派出所的所长，每天和妈妈都在偷偷摸摸地收礼给人办事。最让他不可理喻的是，爸爸给自己一名同学的家庭通融关系，竟然也收了人家的礼物。

爸爸跟我反映孩子逆反、不听话，我问他："如果你鄙视一个人，你愿意听他摆布吗？"

爸爸无语，似乎被我一语中的。

现实生活中，总有一些不孝顺公婆的媳妇，她们教育孩子"百善孝为先"，可她们的做派却是在毁孩子的三观！她们难道不怕被孩子瞧不起吗？孩子为什么对她们每天唠叨无数遍的真理充耳不闻呢？因为，她们在孩子的心中已经没地位了，所以说的话也就没一丝分量了。

当然，厌学的原因有很多，全部归罪于家庭也有失客观和公允，但家庭绝对是孩子成长的基石。

当孩子厌学了，家长应该启动"内归因"模式："我们的夫妻关系和谐吗？""我是一个值得孩子尊重的家长吗？""我真的理解孩子的需求吗？""在孩子成长的过程中我扮演了什么角色？"

当你认真回答完这几个问题，心中或许就有答案了。

所以，父母要找准自己的角色，要培养孩子健全、完善的人格，陪伴他健康快乐地成长。这才是天下父母之大任。

12. 形成厌学症的个人原因
——千人千思想，万人万模样

很多家长和老师都反映：有的孩子就是跟其他孩子不一样，比如他的父母和睦，家庭幸福，在学校里也没有不适应的事情发生，但就是成绩不理想，这到底是为什么？

受遗传和成长环境的因素影响，孩子之间的个体差异很大，

正如俗话说的，"千人千思想，万人万模样"。

我们在评价一个孩子时，一定有客观的参照物，比如有的同学和他同在一个班，学一样的课本，有一样的老师，为何他的学习成绩就不好呢？

殊不知，孩子与孩子之间是没有可比性的，因为每个人都有"唯一性"。所以，发生在孩子身上的任何事情只能适合他自己的特征——不要比，一比就错了。

案例一：小华妈妈找我求助，说上高一的女儿整夜失眠，好像出了心理问题。我假设了几个原因，比如小华的家庭关系，在学校与老师、同学的关系等，但都没问题。于是，我要求与孩子单独谈谈。

小华在妈妈的陪同下来到我的工作室，让我略感意外的是，大热天的，小华竟然戴着大口罩。

我问小华是不是感冒了，她犹犹豫豫的，不做正面回答。

在我的再三鼓励下，小华终于把口罩摘了下来——原来，她的脸上长了很多青春痘。她说自己最害怕照镜子，每次去卫生间都紧张得要死，她偷偷地试验了很多祛痘的办法，但都无效。

我问她为什么害怕青春痘，她说害怕别人笑话自己，别人哪怕一句不经意的玩笑都会让她紧张。渐渐地，她上课很难集中精力，不但成绩不理想，而且每天都很焦虑、难受。

案例二：天娇是一名既漂亮又聪慧的初三女生，是班里的小女神，成绩也一直名列前茅，可邻近中考时出现了焦虑问题。

妈妈领天娇来到我的工作室，我看她除了偶尔会挤出一丝微笑，好像心事重重的样子。

经过晤谈得知，天娇的主要问题是害怕名次下滑，担心被后面的几个目标同学追上。一开始，她加倍努力地复习功课，相信只要能保证学习时间，就能保住名次。于是，每天她都要学到深夜，直到妈妈再三督促，她才极不情愿地上床休息。

渐渐地，妈妈发现活泼、漂亮的女儿变了，变得沉默寡言，不愿意与人交流。最糟糕的是，她的成绩竟然在一点点地退步，这让她自己和父母都不能接受。于是，她只有不断地自我加压，最终就出现了较严重的焦虑情绪，失眠也不期而至。

案例三：在父母和老师的眼里，五年级的张浩是一个非常认真、负责的孩子，身为班长的他身体力行，敢作敢当。但慢慢地，老师发现他与其他同学的关系越来越紧张了。

很多学生反映，张浩蛮横霸道、颐指气使，一旦不听他的话，就会招来他的讽刺和训斥，于是同学们对他开始慢慢地疏远和孤立了。而他对同学的疏远很是气愤，于是三天两头跟老师打小报告，说这个不行、那个不好。

渐渐地，老师也很难接受张浩的态度了，就旁敲侧击地提醒了他几句。没承想他受不了了，竟然跟老师大吵大闹起来，

说老师冤枉了他的一片苦心。随后，他闹着要调班、转学，一阵折腾下来，成绩也陡然下降了。

孩子在一天天地长大，性格特征也会逐渐呈现出多样性。有些是积极向上的，比如乐观自信、自立自强、有责任心、敢担当等。有些是不太阳光甚至阴暗的，比如自卑、自负、敏感多疑等。

案例一中的小华，就属于自卑特征。自卑可是个人成功路上最大的绊脚石，不但学生，包括许多成年人也都会因为出身卑微、个子矮、相貌丑等原因陷入自卑的泥潭，严重影响学习和身心的成长。

若较真儿起来，每个人都可能会自卑，因为无论你再强大、再厉害，也总会有更强的对手在虎视眈眈。比如说马云也可能会自卑，因为他长得像"外星人"。如果总是拿自己的短处与别人的长处比，一定会自卑的。

所以，学生应建立一套"错位对比系统"来对抗自卑，就是拿自己的长处对比别人的短处。

自卑源于某些不尽如人意的短板，比如学习成绩、家庭出身、社会地位、身高、相貌等。如果你出身卑微，相貌一般，那是板上钉钉难以改变的现实，但你要是能在学习成绩上高人一等，那么别人还敢轻视你吗？

但是，老话讲"知耻而后勇"，如果你能把别人的嘲笑、讥讽转化成奋进的动力，自卑反而会成为好事。而自卑一旦化为力量，其变量是难以想象的。

当然，你也可以这样去想——所有的磨难是潜意识的善意提醒："你要继续努力，不然真的会掉队。"正所谓"天降大任于斯人也……"，很多条件一般的人正是凭借着类似这样的信念，自强不息，奋发进取，最终一步步走向成功的。

如果你正被自卑困扰着，请抓紧时间把"错位对比系统"建设起来，它会让自卑成为你成功的动力和助力。

案例二中的天娇，性格是过分要强了，有些非黑即白的偏执型人格特征。要强当然是好品质，但凡事得有一个度，因为过犹不及。比如，在天娇看来，如果被别人追上或超过，那就等于失败。

其实，过分地去关注一件事情往往会适得其反，包括学习。

那么，过度地专注于学习也不好吗？

回答是肯定的。无数实例和实验都证明，人的记忆力和思维逻辑能力在轻松的状态下才能达到最佳。如果过度专注于一件事情，人势必会形成紧张的情绪，而大脑在紧张时效率会大大降低。

所以，大脑的工作效率有一个度，不专注当然不行，专注过了也不行。至于这个度在哪里，只有自己能把控。

像天娇这样用功过度的学生，家长和老师反而需要教他们

学会自我减压和放松，让他们明白大脑的运作机制，把力道用到"刚刚好"的程度。

案例三中张浩的问题是"自我中心"。

自我中心是心理学上一个很重要的概念，其特征是"唯我独尊"。"我"是他们使用频率最高的一个字眼："我说的就是对的！""你为什么不听我的？"他们不去想"你"会怎样，甚至丝毫不去考虑别人的感受。

一些80后、90后、00后，多少都带有这样的性格特征，这与他们是独生子女的家庭背景密不可分。他们在家里被娇生惯养，形成了"小皇帝""小公主"思维，问题是离开家庭后到了学校、社会怎么办，谁还会让着你？比如张浩，他就遭遇了"众叛亲离"的下场。

话说"当局者迷"，人很难看清自己，对于自我中心的孩子，一定要及时予以教育、疏导。

我曾经让一些学生做过这样的游戏：我让一个"张浩"坐在圆心，四周有数十个孩子围着他，我让孩子们一起伸出右手食指指着他的头，看看他能坚持多长时间。不一会儿，他就表示坚持不住了。

我又让周围的人坐了下来，微笑着用崇拜的眼睛看着他，再问他的感受，他说很惬意、很自豪。

通过游戏，我让孩子们形象地体验到了被指责和被尊重的感受。

要想让别人拥护你，除了自身必须具备极强的人格魅力和组织能力之外，姿态也很关键。你要懂得放低姿态，尊重他人，让他人觉得你和蔼、谦逊、容易接近，这样你的核心地位自然会树立起来。

需要强调的是，自我中心性格极易导致反叛性人格障碍，是需要重点防范的人格特质。所以，我们一定要给孩子灌输"利他就是利己"的辩证观，教育他们学会尊重、理解、包容他人，不要把自我中心标榜成特立独行。

13. 形成厌学症的社会原因——功利思想会害了孩子

如今，社会环境变得越来越复杂了。原来的校园是与社会相对隔绝的"世外桃源"，可现在的校园呢？

案例一：二年级学生小斌本来是个爱说爱笑的孩子，可最近一段时间以来，妈妈发现他忽然变得郁郁寡欢了。妈妈追问原因，没想到孩子突然来了一句："咱们家什么时候买奔驰车啊？"

这句话让妈妈很意外，看着儿子的眼神，她慢慢地回忆起了一个让自己难堪的场景。

那是一个雨天，她穿着雨衣骑电动车去接儿子，看到小斌和同桌小树手拉手一起走出了校门，但是小树径直走向停在校门口的奔驰车，儿子则穿上雨衣上了电动车后座。

那一天凄风冷雨，儿子事后感冒了，输液一周才好。后来，他回家唠叨，说小树总喜欢拿自己开玩笑，说坐电动车的孩子都喜欢生病，因为他们的营养跟不上。眼瞅着闷闷不乐的儿子，妈妈既委屈又无奈，她不知道该怎样跟他解释。

案例二：小梅的中考成绩很理想，被一所重点高中"预定"，这让家长喜上眉梢。可是，一家人没高兴几天呢，小梅的父母开始犯愁了，起因是时下悄然兴起的"谢师宴""升学宴"。而那些成绩远不如小梅的孩子的家长，早就开始张罗了。

家长当然希望把这个激动人心的消息传播出去，当保安的小梅爸爸也是豁出去了，他咨询了几家比较像样的饭店，发现连酒带菜没有两千元下不来，而那差不多是自己半个月的工资。权衡再三后，他定了一家比较实惠的小饭店。但他回家跟小梅一说，她立马把嘴巴撅得老高……

自打进入高中后，小梅的价值观悄然发生了变化，她开始注重打扮，高二时竟然早恋了，学习成绩更是一落千丈。

案例三：小阔的爸爸是一位民营企业家，小阔就读的学校举办二十年校庆时，他一次性给学校捐款 50 万元，这一度成为当地最大的新闻。正因如此，小阔也理所当然地成了学生中的名人。

而最滑稽的是，学习成绩一直糟糕的小阔竟然被学校调进了尖子班，并专门委派三名老师对他实施全方位的辅导。

这件事在师生间引发热议，很多老师也提出了不同的看法。没承想，校长在全校教师大会上公开声明："不要有看法，我们这是特事特办。"

小强是小阔的同桌，他很看不惯小阔每天趾高气扬的样子，于是私下纠结了几名"志同道合"的同学狠狠地教训了小阔一顿。

这无疑是捅了马蜂窝，小强最终被学校决定开除，其他同学也都受到了不同程度的处分。小强的父母找校方理论，最终还是不了了之了，但小强从此变得乖戾、暴躁，还发誓要报仇雪恨。

商品经济必然导致功利思想的盛行，校园也无法免俗。我们不能简单地把责任推给学校，更不能抱怨他们"嫌贫爱富"，因为这是经济发展的代价，需要社会进行集体反思。

综上来看，厌学大致有四个原因，即家庭、学校、个人和社会，其中综合因素居多，单一因素居少。如果孩子厌学了，先别着急，静下心来分析一下这四个因素的顺序和所占的比例。比如，哪个因素居前？哪个因素所占的比例最大？

假设家庭因素居前，所占的比例也最大，那么就一定要围绕家庭环境这个目标下手。当主要矛盾解决了，其他次要矛盾

可能相应地就消失了。

当然，每一个因素里面又会包含很多"次因素"，比如教学环境，有可能是孩子与老师、同学的关系出现了问题，也有可能是孩子不适应某一位老师的授课方式。

再如个人因素，有可能是孩子的性格问题，也有可能是早期人格障碍，甚至是早恋、手机依赖等。

这就需要按图索骥、由表及里地理清脉络，一步步探寻问题的根源。只有做到有的放矢，才能实现标本兼治的目的。

八、情绪和人际关系应用心理学：
把情绪关进智慧的笼子

　　"情绪"一词经常被人们挂在嘴边，比如你情绪低落，我情绪不对，他又闹情绪了等。有些人经常被情绪弄得寝食不安，甚至生不如死，于是对情绪恨之入骨，恨不得把它打入十八层地狱。

　　可是，大家真的了解情绪吗？比如，愉悦、忧伤、郁闷、焦虑、愤怒等这些体验有什么来龙去脉吗？这些体验又会对你的生活造成多大的影响呢？

　　相信很多人都因情绪失控而后悔过，可世上也没有后悔药——那么，如果你能未雨绸缪地让糟糕的情绪止步于萌芽状态，是不是就会少一些不必要的麻烦呢？

但凡成功的人，一定是懂得管理自己情绪的人；同理，一个失败的人，也一定是被情绪俘虏的人。

那么，情绪到底是什么，它为什么会对我们产生如此大的影响呢？

我们可以把情绪比喻成一把"空中飞舞的利剑"，它随时可以伤人伤己。冷静、智慧的人，能让这把利剑既不伤己也不伤人，甚至可以把它转化成一种积极的能量。反之，非理性的人，则会让这把利剑失去控制，既伤己又伤人。

我们无法逃避情绪，因为它是你身体不可分割的一部分，它对你形影不离，直至终老。所以，我们能做的只是了解它、接纳它、善待它，让它成为自己的益友。

1.《三国演义》里的大人物——情绪决定成败

《三国演义》大家比较熟悉了，就说耳熟能详的这几位吧：刘备摔阿斗时不是不心疼孩子；诸葛亮挥泪斩马谡时也会心痛；曹操哭郭嘉时竟然能悲伤到晕厥。

如果说这里面没有演戏的成分，恐怕谁都不相信，因为，他们之所以那样做，当然是为了自身的利益去考量。所以，他们在一定意义上都获得了人生的辉煌。相反，如果他们都由着自己的性子来，那历史肯定要重写了。

古今中外，成功人士都有一个共同的特质，那就是"能忍"和"会演戏"。

先说忍，忍就是控制，也就是不让本能在不合时宜的场合暴露。人都是自私的，所以首先是想不让自己受委屈，就像有些话如果说出来，心里就会痛快很多。

比如，受了领导的训责，你的第一反应是该回骂他一顿或揍他一拳；看到孩子不认真做作业，你也恨不得踹他一脚；签合同时发现对方在故意刁难，你是不是也想当面揭穿他的把戏，对他来一句国骂，最后转身离开……

如果当时你真的那样做了，心里一定会很痛快，但你有没有想过后果呢？

现实中，"忍辱负重""委曲求全"要比辞典里质感得多。"人生如戏，全靠演技"，实际上，人生就是一场戏，在这个大舞台上，你要学会扮演各种角色。

我们每天都在戴着面具生活，只有独处时才会卸去伪装。所以，与人交往，该哭时你还得笑，该愤怒时你反而要平静如水，该装疯时就装疯，该卖傻时就卖傻，这无非都是为了成全一件件与自己息息相关的事，说白了，就是你的利益。

至于你怎样才能把该扮演的角色发挥到极致，就要看你掌控情绪的能力了。

很多人问我："委曲求全是不是对自己的健康不负责任，因为忍多了就会抑郁，抑郁久了就能成病。"

其实，聪明的人都有一套化解委屈（压抑）的办法，比如有些艺术家、作家，他们就是用艺术创作来排遣内心的压抑，而那些有钱人可以靠奢侈的消费来宣泄压抑，维系心理平衡。

当然，大多数人不是艺术家、作家或有钱人，但我们也应该有一套适合自己的排解方法，这就是生活技巧。

抑郁成病多半是不懂得及时排遣情绪，被情绪给"撑破"了。

2."路怒症"女司机——把情绪关进智慧的笼子

杭州的一名女司机不知轻重，开车别了几下前面的汽车，结果被别的汽车又追出很远把她给别停了。有一名男司机下车后，对那名女司机拳打脚踢，差点因此而酿出命案。

这个事件的视频经网络传播后迅速发酵，并催生了一个新名词："路怒症"。

如今，人们的生活条件好了，却更容易发脾气了，动不动就爆粗口，甚至动手打人。路上开车加塞，排队买东西加塞，去服务大厅办事加塞……人们争先恐后，各不相让，甚至一家人看电视都会引发争执。

更有甚者，有一件影响恶劣的刑事大案居然源于话不投机。事后，当事人都表示很后悔，说不该一时冲动。

那么，当时理智去哪里了？哪怕你能忍耐十秒钟，或许事态就不会发展到不可收拾的地步。可惜的是，在变幻莫测的情绪面前，理智经常会失去作用。

但凡幸福感强的人看上去几乎都和颜悦色，他们不是没情绪，也不是没碰到倒霉的事，而是练就了一种驾驭情绪的能力，懂得把情绪关进智慧的笼子。

现在的生活节奏像脱缰的野马，人们跟跟跄跄的都还跟不上节奏，于是焦躁、愤懑、悲观等情绪会越积越多。时下，人们的确"戾气重"，有些人即使表面上看着谦和，但心里有着蓄势待发的小火山。

适者生存，身处滚滚向前的商品大潮中，我们只能忙里偷闲地去照顾和抚慰自己躁动不安的情绪。所以，我们要做自己能做的事，把欲望的闸门收紧，别让自己的情绪一次次失控。

那么，情绪到底是什么？

坐在鸟语花香的公园里，品尝一顿美味佳肴，与美女、帅哥聊天……通常情况下，你一定会有一种惬意的体验。

相反，看到遍地垃圾，看了一场极其无聊的电影，碰到一帮地痞流氓在打架……那么，你的体验一定很闹心。

这种在一定环境（情形）下觉察到的体验（感觉），就是你即时的情绪，它会很直白地告诉你内心的感受，从不撒谎。

孩子的喜怒哀乐直接写在脸上，因为他们还没学会掩饰。成年人虽然学会了"口是心非"，但他们还是会通过肢体语言暴露自己的心迹。

比如你在朋友家做客，如果朋友一直在看表，那么你的感觉是什么？如果你不明白这是在下"逐客令"，说明你真的有些愚钝了。

所以，生活中一定要"知彼知己"，不但要能随时觉察自己的情绪，还要能洞悉别人的情绪，这样你才能让自己摆脱被动局面，处在有利位置。

都说了解一个人很难，那是因为你没观察他的情绪，而被他的语言欺骗了。如果你是一个圈子的核心，就要随时注意观察和辨识他人的情绪，了解对方的真实意图，这样才能平衡关系，掌控局面。

情绪与一个人的品质无关，它只是个体对某种环境、事物的态度，通过这种态度就能大体推断出他的处世方式和水平。比如，一个人见死不救（这是态度），无论他有什么理由和借口，都不能掩饰他精神世界的冷漠和荒凉。

情绪是潜意识的外显行为，所以，人通常是"一只披着羊皮的狼"，而作为"狼"的潜意识则会本能地通过情绪崭露头角。

3. 范进中举后为什么疯了——情绪与欲望

《范进中举》的故事大家都不陌生，那么，范进屡试不第，为什么会郁郁寡欢，中举后又为什么会疯了呢？这就好比，一个人整天琢磨着升官发财娶美女，最终并未得逞是一个道理。

其实，这些郁郁寡欢的坏情绪源于个体追求利益未果。也就是说，想升官发财娶美女没毛病，问题是，你有没有这个本事才是重点。

俗话说："有多大的手，端多大的碗。"多数不良情绪源于欲望和能力的落差，落差越大，不良情绪就越强烈。不信你去观察一下周围那些整天闷闷不乐的人，他们差不多都是本事不大但总想一步登天的人——他们怨天尤人，实际上是欲望远远地超出了能力所及。

看看下面这个快乐公式：

快乐 = 能力 / 欲望

这里所说的快乐，指良好的情绪带给个体的愉悦体验。能力大，欲望小，快乐指数就高。反之，能力小，欲望大，快乐指数就低。

人的能力包含多种因素，所谓天时、地利、人和都具备了，才可能促成成功，而单凭自身的努力是远远不够的。所以，很多失败的人最终相信了命运的安排，给自己的人生蒙上了浓重的悲剧色彩。

能力要受环境等诸多因素的制约，但欲望是能自我掌控的——如果你懂得适当地降低欲望值，你的快乐感就会随之上升。

物极必反，像范进中举一样，天上忽然掉下个大馅饼，正好砸在了他的脑袋上，他一时高兴过头，最终发疯了。

正所谓："穷人乍富，挺胸叠肚。"这就像那些一夜暴富的人，他们的情绪这时极易失去控制，因为，被胜利冲昏了头脑最容易出问题。有些人"得志便猖狂"，比如官员腐败，明星吸毒，他们最终都会倒在"胜利的陷阱"里。

我们常说，某个人是"一棵担不起三分地的小枣树"，意思是：这个人的德行不到，当成功突然到来时，他必定会不知所措，甚至迷失方向。

利益不是万恶之源，欲望是最强大的进取动力，但我们的最终目的还是要追求快乐，把欲望控制在合理区间，让身心健康愉悦这才是"中庸"的内涵。

4. "阉割"情敌的背后——情绪与"力比多"

弗洛伊德在《精神分析引论》中提出了"力比多"一词，虽然这种"泛性论"至今饱受质疑，但对人类行为的研究却是不容小觑的。

某地曾发生过一件非常离奇的刑事案件，行凶者把被害人的两只睾丸给割掉了。其实，行凶者的作案动机是：让自己的情敌断子绝孙。法官感到凶犯给出的理由荒唐可笑，心理学却能解释他的犯罪动机，那就是性驱力的作用。

那么，"力比多"到底是什么意思呢？

弗洛伊德说，"力比多"是"性力"。讲得再通俗一点，就是"性驱力"。仅从字面意义上也不难理解，它是一种原始的"本能力量"。

我们常说爱情的力量是伟大的，实际上，就是指性驱力在不间断地推波助澜。爱情源于人类最古老的生殖本能，是人类为繁衍后代而衍生出来的一种情感而已，本质还是占有欲。

为了生存和优化后代，人们可以不惜一切代价地去追逐异性，不顾一切地去排斥和驱逐同性竞争者（情敌）。这种情景

在动物世界里也会展现得淋漓尽致。

因为由性驱力主导的情绪源自性本能，那么它的能量就可见一斑了。"男人靠征服世界来征服女人"，这句话不无道理。

一个人要剥夺另一个人的生命健康权，一定有他视为比别人的生命健康权更加重要的理由。那么，到底什么才能构成如此强大的理由呢？

毫无疑问，"力比多"（领地意识）是为数不多的理由之一。年轻人的荷尔蒙分泌极其旺盛，对女性的占有欲极强——当这种"内驱力"膨胀到一定程度时，理性就消失了。于是，为了争夺同一个异性，他们可以不择手段，不计后果。

一个人失恋了，就等于对异性的占有失控了，这类似非洲草原上的狮子被其他狮群抢夺了领地是一个道理。于是，"力比多"开始显现强大的威力：报复！

用最残忍的方式报复竞争者，能让对方痛苦，这样自己就会痛快，心理也会平衡。但是，这种非理性行为，在局外人眼里都是不可思议的。

当然，我们不能把所有情绪的始发点都归罪于"力比多"，但对它一定要有清醒的认识。任何事物都是双刃剑，"力比多"也不例外，没有它就没有永恒且浪漫的爱情，人类的创造力也会大打折扣。

我们倡导年轻人要学会尊重，实际上就是要学会适当地管控情绪，不能做出违背伦理和违法犯罪的事情。

当然，最理想的做法是应该把"力比多"升华到相互欣赏、相互提高的高度——如果一个人只是打着爱的旗号行占有之实，那么他就与动物没多大的区别了。

5. 中了彩票大奖的王军——情绪摧枯拉朽的杀伤力

情绪很像川剧里面的变脸演员，随时会变换，让人捉摸不透。其实，最低级的情绪也有两张面具。

先划分一下情绪的阶级。若从"好坏"这个维度上划分，情绪有正、负之分。最简单的表现就是高兴和不高兴——高兴就是正情绪，不高兴就是负情绪。

比如，你考上了大学，领到了奖金，晋职、晋级成功，交到了心仪的异性朋友，助人为乐受到赞赏，科研成果得到了权威的认同，等等。这时，你就会体验到成绩感、自豪感，它们是正性的、良好的情绪。

相反，如果你受到了惊吓，被债主逼债，被朋友误解，被恋人抛弃，或者查出了癌症，做了对不起别人的事，等等。这时，你体验到的是焦虑、郁闷、恐惧、愤怒等感受，它们是负性情绪、坏情绪。

周瑜被诸葛亮气死了，牛皋生擒金兀术后笑死了，林黛玉相思成病抑郁死了，范进中举后疯了……这些可能是作家演绎的故事，但在现实生活中也一定能找到他们的影子。因为这种死与躯体疾病无关，却与他们的过激情绪息息相关。

王军是一个活生生的乐极生悲的典型：他买彩票中了五百万大奖，真是天上掉下了一个大馅饼。妻子劝他捐出一部分钱做善款，算是回赠上天的恩赐；再给弟弟、妹妹各买一套房子。

可是，王军却不这样想，受了半辈子穷的他想过神仙般的日子，于是开始放高利贷，整天的花天酒地，并沾染上了吸毒的恶习，很快就把五百万元折腾完了并欠下数十万元的赌债。最后，他进了局子，妻子起诉离婚。

一个本不富裕但也和睦的家庭，最终落了个妻离子散的下场。

嫉妒也是一种很坏的情绪体验，它会让人陷入极度的焦虑之中。张华和李东本是大学同班同学，毕业后一起回市里工作。数年后，张华已经是局级干部，而李东仍然是一名科员。

李东不从自身找原因，而是感觉张华关系硬，走后门了，于是渐渐地就断绝了与老同学的来往，整天闷闷不乐地抱怨社会不公。去年，他竟查出了严重的肾病，不得已脱产治疗，把整个家庭弄得乱了套。

虽然我们不能把李东的病跟他的嫉妒完全划上等号，但可以肯定的是，他的病一定与他糟糕的情绪脱不了干系。

谈到林黛玉，自然而然就会想到抑郁症——她不像周瑜那样"病来如山倒"，而是抽丝一样一点点地把自己的精力耗干了。

相思过头而没结果，也是一种极坏的情绪，现在来看看现实中的刘娜。

刘娜深爱着一个男孩子，却得不到那个男孩子的半点回应，因为对方深爱着另一个女孩子。生性内向的刘娜就跟着了魔一样，于是整日茶饭不香，日渐消瘦，最终被查出患了严重的消化道疾病。

由于害怕疾病恶化，她又慢慢地出现了焦虑、抑郁症状，整日愁眉不展、郁郁寡欢，像到了世界末日一样。

那么，情绪的杀伤力究竟有多大？

这是一种难以估算的超级能量，比原子弹不知要强大多少倍。比如，有些癌症患者最终不是死于疾病本身，而是被自己吓死的。反之，如果一个癌症患者能彻底放下，用一种无所谓的态度重新面对生活，或许会出现生命的奇迹。

肌体免疫力与情绪息息相关，从某种意义上讲，人的情绪可以左右自身的免疫力。这是医学界和心理学界的一个新课题，需要专门立项去进一步挖掘。

那么，坏情绪和好情绪能不能相互转换呢？

当然能，这取决于一个人的价值观和处世的悟性。"乐极生悲"就是好转坏，而"退一步海阔天空"就是坏转好。

比如，有人取得了骄人的业绩，却因此而骄傲自大，结果反而被人孤立了。再如，做生意赔了本，这对理性的会辩证看问题的人来讲或许并不是坏事，他们会迅速总结经验，可能很快会重整旗鼓，扭转颓势。

具体来说吧，一个人惹你生气了，你产生了坏情绪，那么，你可以立马这样想：他为什么惹我生气？

比如，同事"无缘无故"地讥讽了你一句，那么他为何讽刺你？一定是你触动了他的利益，而他又没能力反击你，所以只能采取这种不入流的方式报复你一下——这正好说明你比他强，那么，你犯得着跟一个不如自己的人生气吗？

所以说，"我不生气"是一个情绪转换开关。跟比自己强的人生气白搭，跟比自己弱的人生气犯不着，这就是聪明人的思维逻辑。

好了，先不要较真儿了，别让情绪伤害到自己才是上策。

6. 世上真有"骂死人"的事——情绪绞杀大脏器

实际上，中医对"情绪与疾病"的关系早有定论，比如，"怒伤肝、喜伤心、忧伤肺、思伤脾、恐伤肾"。

喜、怒、忧、思、悲、恐、惊，这是人的主要情绪，即"七情"。人不能无情绪而活，轻微的或者一般的情绪是人正常的生存状态。但物极必反，情绪一旦超越了理性所能掌控的范围，不但会影响生活和工作，更会损伤自身的内部脏器。

比如，我的家族有肝病遗传史，多数老辈人都因肝病去世。我琢磨了一下，这真的与他们的脾性有关：老辈人几乎都是火暴脾气，"气炸肺"是经常的事，其实那是怒气把肝脏给打透了。

再如，人在陷入相思时，一定是"帘卷西风，人比黄花瘦"。这说明，他的消化系统出现了异常，长此以往，身体不出毛病才怪呢。正所谓："春心莫共花争发，一寸相思一寸灰！"

至于书上说的"愁断肠""吓破胆"，都是对情绪的形象比喻。那么，情绪是如何杀伤脏器的呢？

因为，人的情绪一旦失控，血压就会迅速上升（比如生气时脸色涨红），从而对心脑血管造成一定的影响，比如非病理性（突发性）心梗、脑梗就属于这种情况。

前些年网传过一个"骂死人"的案例，一名妇女生生地把另一个女人给骂死了。想想，那个被骂死的女人一定是死于突发性心梗或脑梗。女性朋友也都会有这样的经验，就是每个月的例假会受情绪的影响而导致不规律。

情绪波动会导致内分泌系统失调，而激素分泌失常一定会影响脏器的正常工作。如果只是偶尔失调，或许并无大碍，但时间长了就不行了。

这类似折一根铁丝，折个一两次，还可以把它弄直了，可折的次数多了，它自然就会断。

如今，市面上流行的"养生秘籍"林林总总，吃的喝的用的应有尽有，但如果忽略了情绪保健，看再多的养生秘籍都是纸上谈兵。所以，情绪才是脏器最好的保健医生，人参、蜂胶、珍珠粉都比不上一个好心态。

在这一点上，我们还得向古人学习，比如陶渊明"采菊东篱下，悠然见南山"，苏东坡在颠沛流离之际发明"东坡肘子"……所谓大丈夫能伸能屈，真正的智者都懂得进与退的哲学。

俗话说："宰相肚里能撑船，将军额上能跑马。"只要你的心能装得下地球，你就能拥有整个世界——这才是健康长寿的终极秘诀。

7. 张三"人财两丢"的故事——情绪的多米诺骨牌效应

张三莫名其妙地被经理叫到办公室训斥了一顿，他知道经理对自己产生了误会，但未等他辩解，他就被经理请出了门。整个下午，他都很窝火，暗暗地骂了经理无数遍，还折断了一支笔，撕烂了两张报纸。

下班后回到家里，妻子已经把做好的饭菜摆在了饭桌上，张三随便尝了一口，突然感觉菜是如此的咸。他一推菜碟，骂了老婆一句："你想把老子齁死吗？"老婆感到很委屈，躲进卧室掉眼泪。

张三感觉家里闷得慌，点了一支烟来到楼下的小广场。忽然，一只小狗在不远处冲他汪汪叫，他气不打一处来，跑过去狠狠地踢了小狗一脚。小狗嗷叫着跑到女主人身边"诉说"委屈，女主人发火了，过来跟张三理论。

张三看到女主人的嚣张样子就来气，不由分说地给了她一巴掌。这时，那个女人的丈夫正好回来了，过来就跟张三厮打在一起。

张三越想越来气，抄起墙角的一块砖头冲着那男子的头拍了下去——他瞬间躺在地上，头部鲜血直流。

那个女人立刻报了警，警察赶来后将张三带走了。证据确凿，他因故意伤害罪被判了两年，并赔偿了数万元治疗费。

事后，张三追悔莫及，他对妻子说，其实他完全可以避免这场灾难，如果那天下午他能找个合适的机会跟经理解释清楚，经理是完全能弄明白事情原委，原谅自己的。可惜的是，他没这样做，而是将事态一步步升级为一场莫名其妙的斗殴，最后落了个人财两丢的下场。

情绪是能迅速发酵和传染的，这就是它的"多米诺效应"，也叫"蝴蝶效应"。

人首先是自私（利己）的，潜意识会随时调动起防御的本能，以此趋利避害。当某种情绪被激发时，潜意识会立马评估利害关系，并选择相对安全的发泄渠道。

张三遭遇了经理的误解，情绪对应的宣泄点应该是经理，可经过评估，张三不敢这样做，因为他承担不起行为的后果。于是，防御机制开始选择较为安全的宣泄渠道，首先遭殃的是那支笔和两张报纸。

可是，张三感觉笔和报纸还不能消解自己的情绪，于是他又把矛头对准了妻子——因为妻子是弱势的。但当他感觉妻子没有承载自己情绪的能力时，于是又把矛头对准了那只小狗。

发展到这里，张三的情绪已经处在非理性的失控阶段，到最后已超出了他所能控制的范围，最终演化成一桩刑事案件。

正如张三事后所言，如果当时他能找经理谈谈，消解了误会，或许后面的事情就不存在了。假设归假设，他还是未能聪明地去处理这件事，遂酿成了遗憾。

我们的情绪几乎每时每刻都会受到干扰。比如，你正在安心写作，外面忽然鞭炮齐鸣，弄得你思路大乱，这时你就极易生气。如果你不能及时把情绪处理掉，就极有可能进入非理性状态。而人一旦进入非理性状态，情绪就像一个雪球会越滚越大。

关于多米诺骨牌效应，第一张骨牌的力量可以说微乎其微，但是随着数量的增加，它会演变出极大的动能。同理，一只蝴蝶抖动一下翅膀，就能导致一场风暴，这就是"蝴蝶效应"。

所有人为的灾难性事件，小到斗殴，大到战争，开始也不过是一两个人的情绪失控而已。

8. 身心健康才是人生最大的成功
——情绪与压力及对应的行为

生活中，"喜怒形于色"的人居多，因为情绪是潜意识，比如高兴时满面春风，痛苦时满面乌云。

小孩子不会掩饰自己的情绪，他们想哭就哭，想笑就笑。而随着年龄和阅历的增加，他们都逐渐学会了掩饰，学会了口

是心非，更有高人会喜怒不形于色，让人很难猜透他的真实想法，像电影《教父》中的科莱昂，电视剧《潜伏》中的余则成。

想要认清一个人，仅靠语言是远远不够的，因为语言往往是功利粉饰后的产物。如果想在社交中识破一个人的潜意识，就要学会洞悉他的情绪。

一个人的情绪与时下对应的环境极不相称，那就应该留意了，这人要么心机太重，要么有心理问题。

比如，一名儿媳妇在婆婆的葬礼上无动于衷，她可能考虑的是终于丢掉了一个包袱，所以她无法被悲痛的现场气氛所感染。

再如，一名下属在领导犯了错误时只说好话，那么他考虑的一定只是巴结逢迎，而不是公司的利害得失。

城府较深的人都有一个共同点，那就是话少，他们总给人一种拒人于千里之外的感觉——大家往往也会用"阴险"来形容他们。这样的人在事业上可能会有所成就，却很难交到知心朋友。

相反，那些喜怒形于色的人很容易让人靠近，因为他们很直白，大家能看懂他们的心思。这样的人不容易在事业上有所建树，但很容易收获至交。

有些人是多面的，他们能随时调控自己的情绪以此来适应新环境。这是控制情绪的高手，非一般人所能及。

当然，城府深了会很累，也不容易体验到快乐。对于识人来讲，则需要通过识别对方暴露出来的情绪来判断他的动机，而不要被表面现象所蒙蔽，即使他是高深莫测的人，他的情绪也会通过肢体语言表现出来。

那么，有些人为什么会情绪爆发呢？

如果不间断地往一只气球里面充气，这个气球迟早会爆炸。如果把人的心理（精神）比作气球，那么，那些不断挤压自己的空气就是情绪。

人们常把"压力"挂在嘴边，那么它究竟是什么？

首先，它是一种感觉，一种不好的体验。每个人对压力的承受力也不尽相同，即每个人都有一个合理的"承受区间"——一旦超出这个范围，极容易引发情绪爆炸。

很多职员为了升职加薪，不分昼夜地加班加点，慢慢地就会体验到内心挤压的情绪，可能说不清道不明，却会导致失眠、焦虑症状的发生——如果不及时做调整，很容易让情绪到达临界点，一不留神就会失控。

没有压力就没有动力，但完全忽略情绪存在的自我加压，既不科学也没必要。人都会攀比，也会给自己树立一个竞争的目标——但人的能力不一样，别人能做到的事，你不一定能做到。

其实，竞争是不断挖掘自身的长处，以己之长克敌之短。所谓的超越，一定是在不同的跑道上，而非在一条跑道上累得人仰马翻。

照顾好自己的情绪，实际上就是要时刻评估压力对情绪的影响，并在自己的"精神气球"上安一个小开关，随时把多余的情绪（压力）释放出去，以确保情绪处在"合理区间"，这样才能轻装上阵，快乐地工作和生活。

我经常对来访者说，身心健康才是人生最大的成功。这句话很多人可能难以理解，那么，试想一下：难道我们真的要步入"前半生用健康换钱，后半生用钱换健康"的恶性循环中吗？那有意义吗？

所谓的明智，就是要明白生活的实质是什么，不然这辈子真的是白活了。